Narcisismo e Gaslighting

Uno sguardo profondo nel peggiore strumento di manipolazione mentale ed emotiva del narcisista perverso

Cecilia Overt

"Io ho bisogno che qualcuno abbia bisogno di me, ecco cosa. Ho bisogno di qualcuno per cui essere indispensabile. Di una persona che si divori tutto il mio tempo libero, il mio ego, la mia attenzione. Qualcuno che dipenda da me. Una dipendenza reciproca. Come una medicina, che può farti bene e male al tempo stesso".

Chuck Palahniuk

Sommario

Ciao caro lettore, prima di tutto, grazie per aver acquistato il mio libro.

Comincerò immediatamente con una premessa piuttosto provocatoria e diretta: la più preoccupante verità per gran parte dell'umanità è che alcune persone, non poche purtroppo, semplicemente, non sanno cosa sia **il meglio** per loro stesse. A questo tipo di persone bisogna sempre dire cosa fare e cosa non fare. E bisogna farlo con mezzi indiretti! Solo allora agiranno in un modo che piace a coloro che li circondano.

Poiché quindi è poco probabile che la persona media sia effettivamente motivata a fare ciò che TU desideri, può diventare vitale trovare un modo per convincerli che TU hai ragione e fargli quindi vedere il mondo attraverso i tuoi occhi.

Ora, sarai sicuramente una persona brillante e curiosa, e questo è dimostrato dall'interesse espresso nell'acquisto di questo libro, ma potresti, proprio in questo momento, chiederti quanto sia etico questo processo. La semplice risposta è che l'etica è qualcosa che viene dibattuto tra i filosofi. L'umanità ama soffermarsi sul giusto anziché sul male ed entrambi questi concetti svaniscono nel nulla rispetto a mediocri risultati. La realtà, è che i metodi ed i suggerimenti che troverai in queste pagine non solo funzionano ma possono aiutarti a riscrivere il mondo in modo che esso corrisponda alla tua prospettiva preferita. Se sei il tipo di persona disposta a piegare la realtà per ragioni egoistiche, allora queste tecniche ti saranno incredibilmente utili.

Ti è piaciuta questa provocazione?

Appunti sul Gaslighting

Il termine gaslighting è un concetto coniato per la prima volta nel 1944 dal famoso film "Gaslight" incentrato su un uomo che stava lentamente facendo impazzire la sua nuova compagna al solo fine di ottenere la sua segreta ricchezza. L'ambizioso antagonista del film usa una serie di trucchi critici per far dubitare lentamente questa donna. Che si tratti di far sparire le cose a caso o l'iconico negare un cambiamento di luminosità dei lampadari sopra di loro, il cattivo appena menzionato non perde tempo nel dimostrarle forzatamente che la sua mente non è del tutto sana. In poco tempo, la sanità mentale della donna viene messa da parte in nome dell'ambizione del maltrattatore. E più lei scende nell'eterna follia, più lui si avvicina al suo unico e solo obiettivo: farla uscire di testa.

Il gaslighting è semplicemente la capacità di mentire, più o meno volutamente, alla persona-obiettivo con una tale abilità che alla fine la realtà di questo verrà plasmata a misura del gaslighter.

L'unico fine è dunque quello di mentire continuamente alla vittima senza che questa metta mai una volta in discussione l'autorità del gaslighter. Esso si schematizza in una terribile combinazione di menzogne rivolte alla vittima, nel suo isolamento in modo che non abbia mai un altro punto di riferimento e nel rafforzamento positivo di quei comportamenti che si desidera veder compiere da lei. Questo è tutto ciò che indica che la vittima di gaslighting sta arrivando a patti con una mente inaffidabile e di cui, paradossalmente, si fida. L'obiettivo finale è assicurarsi che non riconosca mai veramente cosa è reale nel suo mondo e cosa invece non lo è.

In che modo il Gaslighting è diverso dalla menzogna?

Esistono delle differenze tra quella che comunemente viene chiamata bugia ed il gaslighting. Mentire è una parte piuttosto pesante nel gaslighting ma ciò che è diverso riguarda l'intenzione. È una specie di controversia "quadrato contro rettangolo" in cui mentre il mentire fa parte del gaslighting, non tutto il gaslighting equivale al mentire. Quando una persona mente usa intenzionalmente la disinformazione per oscurare o nascondere la verità. La decisione di mentire viene sempre con la speranza o l'intenzione di alterare la realtà senza essere catturati nella menzogna. Questo significa che quando si dice una bugia, l'obiettivo è quello di non far scoprire che si sta mentendo, magari per proteggere la vittima. Ciò, contrasta pesantemente con il gaslighting, dove la menzogna è maligna e finalizzata ad alterare nella vittima la percezione della realtà. Quando una persona fa gaslighting, lo fa perché vuole far credere all'interlocutore che quella NON è la verità, costringendolo a dubitare di sé stesso ed a mettere in discussione il proprio indicatore di verità.

In sostanza, quando menti, vuoi tenerlo nascosto! Quando fai gaslighting, vuoi far credere che ciò che gli altri percepiscono nella loro mente sia sbagliato e che la verità sia quella che deriva attraverso la menzogna e per mezzo del gaslighting. Creare quindi una realtà distorta che a lungo andare la mente riconoscerà come vera. La vittima comincerà quindi a diffidare di sé stessa mettendo in dubbio la propria verità per un po' di tempo, per poi aggrapparsi alle parole del gaslighter e considerarle come verità.

<u>Il bugiardo vive nella speranza di soffocare la verità mentre il gaslighter vuole dimostrare che la TUA verità non è quella reale.</u>

Convincere qualcuno a fidarsi di te non è gaslighting. Lo è quando l'individuo ti crede solo perché hai minato la sua fiducia in sé stesso. Bella botta vero?

Ormai, quando discutiamo di abusi narcisistici, non è più opportuno, anzi appare quasi superfluo, ribadire che non si tratta solo di crudeltà e violenza fisica. Se gli abusi narcisistici fossero così evidenti, oggi, ci sarebbero più soluzioni e meno vittime.

L'abuso narcisistico si presenta in molte forme! Si manifesta spesso in modi estremamente sottili ed è necessario sapere cosa cercare prima di poterne riconoscere uno.

Questo capitolo farà luce sulle varie armi che i narcisisti hanno a disposizione per manipolare. E magari, a te che leggi, verrà in mente il perché hai dubitato spesso di te stessa o perché continui ad avere problemi di bassa autostima anche quando l'abuso è proprio davanti ai tuoi occhi.

L'esplosione e la reazione narcisistica alla vergogna tossica

Ti sei mai chiesta perché i narcisisti reagiscono violentemente anche per cose estremamente banali? Per poter rispondere a questa domanda dobbiamo comprendere bene la loro personalità. Lo scoppio dei narcisisti è la reazione attraverso la quale loro reagiscono verso quella che è considerata una minaccia al loro ego. La rabbia che ne deriva può essere di due tipi:

1. Passivo-aggressiva

2. Esplosiva-manifesta

Con la rabbia passivo-aggressiva, il narcisista si ritira nel trattamento del silenzio per lunghi periodi di tempo solo allo scopo di punire il partner.

La rabbia esplosiva-manifesta, invece, integra un'espressione violenta ed altamente variabile nell'intensità e nella durata e relativa al ripresentarsi di un vissuto di dispiacere e dolore.

Generalmente, anche se le esplosioni di rabbia possono apparire simili tra loro, c'è una grande differenza tra quella di un narcisista e quella di una persona psicologicamente sana. Il non esser d'accordo con un soggetto narcisista scatena in lui un'esplosione narcisistica estrema che può essere tanto violenta quanto banale fino ad arrivare a suscitare negli altri solo sentimenti di disagio e dubbio. Invece, il disaccordo con una persona sana di mente può portare solo ad emozioni di eccitazione e ripicca, ciò che in sostanza si definisce il "pepe" di un rapporto.

Con un soggetto narcisista, si innescherà uno scoppio violento generato da un disaccordo che di base dipende dal loro modo di considerare ed interagire con gli altri idealizzando il mondo che li circonda.

Dopo aver sperimentato le fasi di rabbia del narcisista nei primi giorni della tua relazione, potresti addirittura sentirti già stanca. Probabilmente cercherai di rivivere più volte quella sequenza di eventi che vi ha condotto sino a quel punto per cercare di trovare nella tua testa la spiegazione su ciò che avrebbe potuto giustificare un simile attacco. Quello che però in queste situazioni non si comprende bene è che noi non siamo MAI la colpa per aver innescato quel tipo di risposta in termini di rabbia. La sua rabbia è la risposta alla vergogna che lui manifesta di default ogni volta che vive un attacco alla propria identità. E, purtroppo, capita molto spesso.

Le cause della rabbia dei narcisisti

Cercare di capire gli eventi che scatenano la rabbia narcisista è inutile. La causa principale di tutto questo risiede nel loro disordine di personalità. Una personalità narcisistica di solito è caratterizzata da un'importante suscettibilità generata, probabilmente, durante lo stadio primario di sviluppo. In linea di massima, lo **sfogo** è un'emozione che, per natura, riguarda tutti gli esseri umani. I bambini, soprattutto, ricorrono ad emozioni primitive di questo tipo come mezzo per esprimere bisogni insoddisfatti.

La rabbia, in molte persone, nasce e si manifesta attraverso varie fasi delle emozioni. La cosa buona è che, per ognuno di noi, per assunto, esistono livelli di controllo che possono esser esercitati. Questi livelli vanno da un grado lieve fino ad uno estremo e l'espressione di essi differisce da una persona all'altra. Uno psicologo, Adam Blatner (rif. 2005) ha classificato i livelli di rabbia in sette. Vediamoli:

1. **Stress**: sensazione subconscia di rabbia senza alcuna reazione visibile

2. **Ansia**: nervosismo lieve che si manifesta attraverso piccoli indizi

3. **Agitazione**: segnali di dispiacere ma senza aggressività

4. **Irritazione**: maggior senso di dispiacere

5. **Frustrazione**: dispiacere abbinato a parole dure

6. **Rabbia**: dispiacere, tono di voce alterato, leggera aggressività

7. **Esplosione**: Ira con aggressività incontrollabile

Queste sono le fasi, o livelli come abbiamo già detto, di rabbia nella gente comune. Riguardo ai narcisisti, tuttavia, essi trascendono automaticamente alla sesta e settima fase. Tutto ciò che serve per innescare l'esplosione narcisistica è un piccolissimo e minuto graffio al loro ego. I narcisisti sono soggetti pieni di opinioni idealizzate esagerate che sono, a mio modo di vedere, responsabili di questa epidemia e deriva narcisistica che al giorno d'oggi sembra essere molto evidente. Ogni minaccia al loro ego viene affrontata con uno sfogo violento che ha il fine di mantenere intatta la loro immagine di sé (falso sé).

A questo proposito, l'esplosione narcisistica è un metodo assai primitivo per proteggersi e difendersi da qualsiasi vergogna. Un attento studio di un soggetto narcisista rivelerà che lui è sempre in collera! Una collera caratterizzata da gelosia, odio, abusi verbali, voluttà di umiliare gli altri, ecc. Tuttavia, è in grado di controllare, o meglio **reprimere**, questo comportamento per la maggior parte del tempo. Ma quando le difese sono in calo oppure sono influenzate da circostanze al di fuori del suo controllo, ricorre a quell'esplosione narcisistica come mezzo "primitivo" di difesa.

A differenza della rabbia comune, che come detto sopra ognuno di noi può vivere, l'esplosione dei narcisisti non è una più o meno intensa reazione allo stress. È, al contrario, il prodotto della paura di non vedere i loro bisogni soddisfatti. Un narcisista, essendo un individuo ipersensibile, sarà sempre alla ricerca di minacce, umiliazioni o critiche. Sono la sua linfa vitale. Ed allo stesso tempo le considerano un rifiuto, un'azione deliberata da provocare per scatenare un'esplosione. In risposta, reagiscono con un intervento freddo (passivo) o aggressivo nel tentativo di svalutare la persona. La maggior parte del tempo, però, la rabbia di un narcisista è ingiusta e ne ostacola il giudizio.

Questo è il motivo per cui ricorrono a grida, accuse infondate ed altre tecniche di manipolazione, soprattutto gaslighting, nel tentativo di convincere gli altri a ritirarsi o soccombere emotivamente.

Dal momento che i narcisisti non sono sviluppati emotivamente, sono come già accennato, ipersensibili. Questo gli consente di avere reazioni personalizzate ed intense verso qualsiasi cosa accada. Essendo fuori contatto con il loro vero sé, di solito si legano alla persona che ha la sfortuna di assurgere a ruolo di **fonte** dei loro bisogni narcisistici.

Questo coinvolgimento, purtroppo, rende l'altra persona responsabile di lenire e gonfiare il loro ego, la propria sicurezza, il loro scopo ed il senso di valore. In altre parole, questa persona viene narcisisticamente individuata come la responsabile della totalità dell'altro. Ergo, il narcisista diventa l'osservatore di una persona resa vittima e che ricopre, aimè, il ruolo di attore. E la maggior parte del tempo, questa persona potrebbe credere di essere in una sana relazione bidirezionale, ignorando l'impatto che ha nella vita del narcisista.

Generalmente, ogni azione, ogni parola e tutto ciò che questa persona fa o non fa, vibra e viene percepito e vissuto dal narcisista come rifiuto o come un qualcosa di eternamente riferito a lui. Ora, se l'azione va a suo benefico, nessun problema. Al contrario, se questa non lo favorisce, comincia a considerare l'altro come furbo, si sente imbrogliato e costruisce quel senso di tradimento che lo pone eternamente sospettoso nei confronti del prossimo di turno. Tutto questo gli causa molto dolore e per far uscire quel dolore, ricorre ad uno sfogo. Ricorre all'esplosione di rabbia. In inglese tutto questo si definisce **outburst**!

Il Gaslighting: come il narcisista distorce la propria ed altrui realtà

Una volta avevi fiducia in te stessa e nelle tue capacità. Sei nata con un potenziale di un certo tipo, è così in natura. Sapevi quello che volevi e, in una certa misura, sapevi come ottenerlo. Ora, ti rendi conto di quanto sei sospettosa e maleducata verso gli altri e vivi sempre in uno stato di dubbio. Non sei nemmeno più sicura di quello che vuoi o di chi effettivamente sei. Quell'altro livello di fiducia che ti ha tenuto a galla è in qualche modo svanito nel nulla e potresti addirittura pensare che ci sia qualcosa di sbagliato in te e che hai bisogno di aiuto. Se tutto questo ti suona familiare allora potresti essere vittima di gaslighting.

Il gaslighting è un particolare tipo di abuso emotivo, forse il peggiore, che è molto comune nelle relazioni abusanti. Si manifesta in molte relazioni ed è uno degli strumenti preferiti del gioco perverso del narcisista. Potrebbe essere intenzionale o non intenzionale e, generalmente, come forma di manipolazione, fa dubitare dei propri pensieri e ricordi.

Il principale obiettivo del gaslighting è quello di ottenere potere e controllo sull'altra persona. Si manifesta non solo nelle relazioni romantiche ma è prevalente in quasi ogni tipo di relazione umana. Si concretizza in famiglia, in politica, in un ambiente di lavoro, in un rapporto di amicizia ecc. e fa si che la vittima metta in discussione il proprio senso di realtà in modo tale che cominci a dubitare di sé stessa e della sua percezione.

Come riconoscere che si è vittime di Gaslighting?

Se vivi una di queste situazioni, allora ci sono buone probabilità che tu possa essere vittima di gaslighting:

1. Sei ansiosa sempre più spesso e hai un basso livello di fiducia.
2. Senti di non riuscire a fare niente di buono.
3. Senti che le cose vanno sempre male per colpa tua.
4. Ti scusi un sacco.
5. Senti che qualcosa non va ma non riesci a capire cos'è.
6. Ti chiedi sempre se hai dato la giusta risposta al tuo interlocutore.
7. Non hai fiducia nel prendere decisioni importanti per te.
8. Vivi una sensazione di malessere costante e non provi più piacere per attività che prima amavi.

Forme di Gaslighting

Il Gaslighting non è una forma di manipolazione facilmente riconoscibile. Ma è necessario conoscere bene il fenomeno e sapere cosa cercare prima di arrivare a concludere che il tuo partner sta cercando di distorcere il tuo senso di realtà.

Alcuni tipi Gaslighting sono:

- **Mentire palesemente**

Avere a che fare con persone che non ammettono mai la verità anche quando è palese.

È davvero inquietante come qualcuno possa arrivare a mentire e distorcere determinati fatti senza provare un briciolo di rimorso. Questo integra uno schema abusivo che mira a rendere la vittima insicura anche relativamente alle cose più semplici. Instillare il dubbio è lo scopo del soggetto abusante.

- **Usare quello che ami contro di te**

Tieni a mente che parte dell'obiettivo generale del gaslighter è quello di farti mettere in discussione te stessa. Vogliono che tu perda fiducia in te. Pertanto, un'altra loro forma di manipolazione è quella di utilizzare contro di te ciò che ti è più vicino. Se, ad esempio, ami andare al cinema, tireranno fuori problemi relativi ad esso affinché tu non ci vada. Se hai amici intimi, troveranno mille e una ragioni attraverso le quali dimostrarti che non sono buoni amici. L'obiettivo è quello di farti mettere in discussione ogni cosa, soprattutto ciò che ti è più caro.

- **Confonderti**

Il fatto che le persone adorino la stabilità è una realtà ovvia per il gaslighter. Tuttavia, con il protrarsi del costante ciclo di confusione ed abusi, la vittima spesso brama chiarezza e sicurezza. Sfortunatamente, però, commette l'errore di rivolgersi spesso al gaslighter per cercare conforto ottenendo come risposta il rafforzamento del ciclo della violenza emotiva e la crescita esponenziale della confusione.

- **Negare i fatti**

Potrebbe farti una promessa e negare subito dopo di averla mai fatta. Il gaslighter ti chiederà persino la prova delle dichiarazioni. Purtroppo, tutto ciò che tu hai è la tua memoria ma niente di concreto da poter mostrare. Così, comincerà a farti perdere fiducia nella tua capacità di ricordare la verità lasciando che il vortice di emozioni generato appanni il tuo giudizio. Potresti così iniziare ad accettare il fatto che lui ha ragione e che, effettivamente, non ti ha mai promesso quello che tu sostieni.

- **Convincerti che tutti mentono**

Il gaslighter potrebbe dirti che tutti gli altri ti stanno mentendo. È l'ennesima tattica in linea con le altre che ti costringe a perdere ancora di più la fiducia nel tuo senso di realtà. Se perdi fiducia e sei isolata, a chi potrai rivolgerti se non a lui? Bene, questo mantiene perfettamente intatto il ciclo dell'abuso.

- **Ulteriori esempi**

Un narcisista che fa gaslighting è molto abile nel tenere la vittima sul filo del rasoio. Le sue continue interazioni con te hanno rivelato la tua debolezza e la tua vulnerabilità rendendogli facile rivoltarle contro di te. Con il tempo, dubiterai della tua memoria, del tuo giudizio, sfiderai te stessa e metterai persino in dubbio la tua sanità mentale.

Potrebbero dirti che tutti parlano male di te alle tue spalle, potrebbero informarti in modo particolarmente malizioso sui tuoi amici ed i loro cari potrebbero cominciare a pensare che stai diventando instabile.

Potrebbero negare cose dette in precedenza del tipo "Io non ti avevo detto che avrei portato Matteo a scuola. Ora verrà sgridato per colpa tua a causa del ritardo".

Potrebbero nascondere cose e negare di sapere dove esse siano! "Non riesci davvero a trovare le chiavi? Te le ho appena date...".

E qualunque tentativo tu farai per capire e chiarire le cose, verrà accolto con rabbia.

È opportuno poi prestare particolare attenzione a quelli tossici, specialmente se hai una relazione con uno di loro. Infatti, per loro, il fatto di avere una relazione con te gli rende estremamente facile costruire questi giochi mentali. In superficie, potrebbero sembrare innocui celando tutto questo. Ad esempio, potrebbero dirti: "Non posso assolutamente farlo. Significhi così tanto per me". In realtà ti stanno manipolando.

Potrebbero trovare sempre un modo per far sembrare che le tue preoccupazioni siano prive di fondamento. È un modo per risolvere il problema. Ad esempio, se li affronti sul fatto di tornare spesso a casa tardi, ti diranno che sono pieni di lavoro oppure che semplicemente si sono fermati a prendere una boccata d'aria. Ovviamente, quella che ha problemi di fiducia sei tu.

Quindi, ricapitolando, anche se molte delle cose che questi soggetti dicono possono sembrare alla fine ordinarie e probabilmente innocue, l'obiettivo che ne emerge si costruisce proprio su questo tipo di comunicazione. Ed è quello di distorcere il senso di realtà della vittima. Di conseguenza, lei si rivolgerà sempre all'aggressore per convalidare i propri sentimenti e lascerà che questa circostanza si trasformi presto in una consuetudine della relazione.

La violazione dei confini: il narcisista non li comprende né li rispetta

I confini sono fondamentali nella vita di tutti noi anche se, a quanto pare, molte persone non hanno alcun rispetto per lo spazio personale. Facci caso, abbiamo limitazioni e recinzioni nei nostri cortili che servono proprio come confini; abbiamo magari un cancello di fronte a casa nostra per tenere lontano le persone indesiderate; abbiamo portoni, allarmi e citofoni. Le persone, e mi piace pensare almeno alla maggior parte di loro, rispettano questo tipo di limiti poiché esistono proprio questi chiari segnali che hanno lo scopo di mantenere un certo tipo di controllo verso gli altri. Ma i confini personali, invece, non sono visibili. Per gli altri, soprattutto per i narcisisti, è molto più facile violarli. Le persone che hanno avuto una relazione con un narcisista, come avrai anche letto negli altri miei libri, sanno che uno dei principi basilari della guarigione e del recupero dall'abuso narcisistico è quello di stabilire confini sani e farli rispettare.

Una delle più curiose e contorte realtà che albergano nella mente di un narcisista è che gli altri, specialmente le loro vittime, esistono solo ed esclusivamente per servirli. Di conseguenza, sono portati a pensare che i loro bisogni siano molto più importante di quelli degli altri. Non avendo un vero senso dell'essere, un ego strutturato in modo sano, si affidano al prossimo per esercitare il potere e lo mungeranno fino allo sfinimento.

Quindi, possiamo decisamente affermare che una delle caratteristiche più significative delle persone con disturbo narcisistico della personalità è il completo disprezzo per i confini altrui. Questo disprezzo si manifesta in forma più o meno marcata nelle loro relazioni. Sia che esse siano personali o lavorative. Spesso, in contesti sociali, ad esempio, vengono considerati inappropriati perché, generalmente, sono quelli che dominano le conversazioni facendo frequentemente osservazioni insensibili.

I confini personali possono essere costituiti da limiti fisici, mentali od emotivi. Essi, quando se ne ha coscienza, sono lì per guidarci in caso di manipolazioni e trattamenti ingiusti. Ci aiutano a distinguere i nostri desideri e i nostri sentimenti da quelli degli altri. Non sta bene, quindi, che il narcisista li viva come un rifiuto. In pratica, loro sono portati ad interpretarli come rifiuto e crudeltà verso i loro sentimenti, le loro emozioni ed i loro bisogni. Quante volte avrai letto o sentito che un narcisista viene spesso paragonato ad un bambino che fa le bizze ad ogni obiezione relativa ai suoi bisogni? Questo è un modo infantile e immaturo di relazionarsi con le persone.

Tutto questo spiega perché, nella maggior parte dei casi, i confini, con un narcisista, non funzionano. Le persone sicure di sé difficilmente sopportano i giochini mentali e le tattiche di un narcisista per molto tempo. Lui interpreta questo come il non preoccuparsi di loro.

Tutto ciò che un narcisista cerca e fa è basato sulle emozioni (proto-emozioni è un termine tecnico che si addice di più alla personalità narcisistica) e sull'adempimento. L'altro come persona non conta, conta invece come l'altro lo fa sentire. Di conseguenza, un confine sano, per loro è un rifiuto perché taglia via tutte quelle strade attraverso le quali loro cercano di ottenere SEMPRE ciò che vogliono. Il perverso gioco di potere non ha modo di operare e lui non riesce ad usare le emozioni dell'altra persona per sentirsi meglio.

Ora, di fatto sappiamo che narcisisti ed empatici si attraggono a vicenda come delle calamite. Ma i narcisisti sono attratti anche da altre persone. Sono attratti da chiunque possa essere una fonte per il loro approvvigionamento emotivo. Pertanto, si interessano anche a persone di alta classe sociale, con magari una notevole influenza e parecchio denaro. La differenza, tuttavia, è che le persone che hanno confini sani e fermi, e una posizione chiara su ciò che vogliono, non li assecondano. Una corretta consapevolezza dei propri confini comporta il fatto di essere in sintonia con ciò che si desidera e rispettare i propri valori.

Questo tipo di limiti possono considerarsi in diverse forme:

- **Violazione dei confini fisici**. Si ha quando gli altri entrano nel tuo spazio personale e ti mettono a disagio. Succede ad esempio quando le persone ti toccano, prendono le tue cose, il tuo telefono, la tua fotocamera o il tuo pc portatile senza permesso.

- **Violazione dei confini emotivi**. Si realizza quando qualcuno sminuisce o invalida i tuoi sentimenti.

- **Violazione di confini temporali**. Si ha quando qualcuno aggredisce il tuo tempo richiedendo eccessive attenzioni. È molto comune nelle relazioni narcisistiche poiché l'abusante o fagocita il tuo tempo in modo vorace oppure non lo rispetta dedicando il suo ad amici e persone care. Se ci pensi, in entrambe le ipotesi, è comunque una perdita di tempo.

- **Violazione dei confini materiali**. Si verifica quando qualcuno prende materialmente le tue cose danneggiandole o si impossessa del tuo denaro.

Avere limiti e confini ben chiari significa sapere quando alzare muri con altre persone, specialmente con i narcisisti. Ma, all'inizio, nonostante confini chiari, aspettati che il narcisista cerchi di abbatterli. Ti accuserà di farlo sentire sbagliato. Abuserà di te e ti proietterà addosso le sue opinioni ecc. Ma, dopo un po', con un confine sano, non ci penserai due volte a chiudere la relazione e mandarlo a quel paese.

Confini chiari e limiti sono fra le armi più potenti attraverso le quali proteggerti e mantenere in equilibrio la tua salute mentale. La parola "confine", nel loro dizionario non esiste. Non ne capiscono il significato e di conseguenza non li rispettano. Equivalgono alla volontà di disturbare il loro equilibrio e li accoglieranno con forte dispiacere e violente esplosioni di rabbia.

Invalidare: una delle armi con la quale il narcisista ti cancella

Molte persone in relazione con un soggetto narcisista spesso hanno la sensazione di essere invisibili. Tutto ciò che fanno non ha importanza e le loro opinioni sono sempre prive di valore. Ma non è una novità! È solo una delle svariate armi che sono nell'arsenale di un narcisista. È la base per tutte le loro forme di abuso. Ed ha effetti devastanti e dannosi.

Come sappiamo, una delle criticità di un soggetto narcisista è la totale assenza di empatia. Questo spiega perché invalidare l'altro è uno strumento ottimo attraverso il quale il narcisista può operare. L'invalidazione implica il rifiuto, implica il voler sempre minimizzare, implica ignorare e la rinuncia intenzionale ad agire; implica il nascere di preoccupazioni, di emozioni più o meno violente e pensieri. Può essere aggressiva e palese come ad esempio il bullismo. Oppure può anche essere delicata e sottile, proprio come il gaslighting.

L'invalidazione è uno dei carburanti che i narcisisti usano per intrappolare le loro vittime. Si schematizza sul fatto che i narcisisti prosperano su un modello di pensiero distorto che alimenta continuamente l'invalidazione. Comprendere bene questo fenomeno ti aiuterà a combattere e de-personalizzare simili attacchi. E ti aiuterà, altresì, a comprendere che il loro invalidare non riguarda affatto te; riguarda in tutto e per tutto loro.

Quando un narcisista ti invalida, quello che vuole dirti è che i tuoi sentimenti e i tuoi pensieri non sono veri. In altre parole, le tue opinioni e la tua compassione non contano e tu non hai il diritto di esprimerlo ad alta voce. La cosa triste di questa forma di abuso è che ti distrugge gradualmente senza che tu te ne accorga. Potresti sentire a pelle che qualcosa non va ma non riesci ad individuarlo perché lui non vuole che tu sappia quale sia il motivo esatto.

È così fastidioso ed allo stesso tempo insidioso perché considerando l'affermazione in superficie, essa sembra innocente. Ad esempio, se ne potrebbe uscire con un commento aspro come "Stai esagerando" oppure "Cresci". In realtà, ti sta indirettamente dicendo che i tuoi sentimenti, per lui, sono irrilevanti.

Quelli cronici, addirittura, non solo non terranno conto dei tuoi sentimenti, ma ti diranno anche cosa pensano delle tue opinioni, ovviamente svalutandole. Nella sezione successiva vedremo i vari modi in cui un narcisista potrebbe invalidarti.

Esempi di invalidazione

Ti obbliga a sentirti diversamente da come ti senti.

Ti obbliga ad alzarti ed andare.

Ti rimprovera di non piangere.

Ti consiglia di non preoccuparti.

Ti rimprovera di smettere di frignare.

Ti consiglia di riposarti.

Ti rimprovera di essere troppo drammatica.

Ti invita a crescere (l'abbiamo visto sopra).

Ti invita a fartene una ragione.

Ti deride sul fatto di sentirti dispiaciuta per te stessa.

Ti rimprovera sul fatto di essere troppo orgogliosa di te stessa.

Si meraviglia quando sembri triste.

Ti rimprovera di essere troppo severa.

Ti dice di "non fare quella faccia".

Annulla le tue percezioni.

Ti dice che hai torto.

Sdrammatizza dicendo che "stavo solo scherzando".

Ti confonde dicendo che non è quello che sembra.

Ti rimprovera che stai sbagliando tutto.

Ti dice che non è giusto.

Ti dice che sei assurda.

Cerca di farti sentire in colpa

Dice di aver provato ad avvisarti.

Ti incolpa di metterlo a disagio.

Bullizza i tuoi sentimenti.

Ti rimprovera di esser drammatica.

Ti dice che sei completamente irrazionale.

Ti giudica.

Ti dice che non stai bene.

Ti dice che hai un problema.

Ti rimprovera di essere troppo sensibile.

Ti incolpa di esser troppo emotiva.

Ti rimprovera di reagire in modo eccessivo.

Ti dice che sei impossibile.

Ti chiede qual è il tuo problema.

Sdrammatizza dicendo che è solo uno scherzo e ti rimprovera di non capirlo.

Ti chiede perché sei sempre dispiaciuta per te stessa.

Cerca di comandare i tuoi sentimenti e le tue azioni.

Ti lascia come una pera dicendo di lasciar perdere.

Ti provoca premettendo che non dovrebbe disturbarti troppo...

Ti dice che dovresti vergognarti di te stessa.

Ti dice che capirai con il tempo.

Ti invita a guardare il lato positivo (quale?).

Ti risponde che questa è solo una fase o un momento.

Ti dice che il tempo guarirà tutte le ferite.

Ovviamente tutto questo va contestualizzato. Ma se provi a guardarlo dalla sua parte ed a sentirlo in pancia, ti sta semplicemente INVALIDANDO.

Narcisisti e mancanza di attaccamento

Come saprai, attaccarsi emotivamente ad un'altra persona non è nel DNA di un narcisista. La vera connessione emotiva con loro non esiste. Ma ancora una volta, questo non ha nulla a che fare con te.

All'inizio della relazione, potresti pensare che ti abbiano **convalidato** (in fondo nel tuo intimo più profondo non cerchi amore, anche tu stai cercando una convalida). Ma quella è solo la fase del bombardamento d'amore dove il narcisista è riuscito a coinvolgere i tuoi bisogni emotivi. Ricordi? Stava solo cercando di aggrovigliarti nella sua rete. Ha lavorato su tutto ciò che era in suo potere fare anche se questo significava essere qualcuno che effettivamente non era. Aveva bisogno che tu ti innamorassi e ti affezionassi. Era per questo che ti inondava d'amore e sembrava che gliene importasse qualcosa. Tu pensavi di essere amata, apprezzata, voluta e compresa. Ma lui ha semplicemente agito attraverso il "mirroring" rispecchiando appunto le tue simpatie e le tue antipatie. E tutto nel tentativo di imbrigliarti nella rete.

Poi, dopo averti messa nella sua ragnatela, ti ha mostrato la sua vera maschera. Non è da narcisisti amare. Per loro amare equivale ad esser vulnerabili e ad abbassare la guardia. Ed il loro bisogno di sentirsi superiori non gli permette di amare.

Ora, per comprendere bene l'invalidazione, dobbiamo esplorare l'altra faccia della medaglia. Ossia la convalida.

Definire la convalida

Gli esseri umani sono cablati, si, utilizzo un termine tecnico per darti una migliore idea del concetto, dicevamo sono cablati per soddisfare almeno i bisogni di base.

Desideriamo tutti almeno essere **visti** ed **appartenere**. Questi sono infatti bisogni sociali essenziali quanto altri bisogni di sopravvivenza come cibo, una casa e dei vestiti. Vogliamo quindi sentirci (uso volutamente il verbo sentire e non essere) visti dagli altri ed essere validati poiché questa è una parte essenziale della soddisfazione dei nostri bisogni.

La convalida implica il supporto, il riconoscimento e la conoscenza piena di qualcuno. È necessario conoscere i pensieri dell'altro, le sue emozioni ed i suoi sentimenti senza alcun tentativo di alterarli o manipolarli malignamente.

Questo, richiede accettazione da parte degli altri e accettazione di noi stessi. Riepilogando, si tratta di essere visti, ascoltati, compresi e apprezzati. E ciò va di pari passo con l'empatia poiché implica il sapere apprezzare e riconoscere lo stato emotivo delle altre persone.

Sta tutto qui dentro amica o amico mio. Il segno distintivo di una relazione vera e salutare è questo: un rapporto in cui due persone si interessano sinceramente l'una dell'altra e cercano di condividere gioia e tristezza reciproche. Non solo quindi il tuo partner **dirà che gliene importa**, ma con le sue azioni **te lo dimostrerà.**

In questo capitolo ti parlerò spesso come se tu fossi un qualcuno cui consiglio di applicare queste forme di comunicazione per trarne un vantaggio. Utilizzerò, pertanto, un approccio diverso e provocatorio. Insomma, come se tu fossi un narcisista da crescere ed addestrare. Sappi che lo faccio solo ed esclusivamente con l'intenzione di farti meglio comprendere come loro agiscono.

È una forma di scrittura forte e sperimentale che sembra essere molto adatta ad un certo tipo di apprendimento. Inoltre, tratterò la vittima al femminile, sappi però che tutto ciò che leggerai è assolutamente idoneo anche per una lettura da parte delle vittime di sesso maschile. Detto questo, è inutile ribadire che non dovrai usare tutto ciò nelle relazioni con gli altri giusto? Bene, procediamo...

La fase romantica

È la fase in cui il tuo unico obiettivo è quello di assicurarti che la tua relazione con l'altro sia positiva. È proprio in questa fase che ti ritroverai ad aggirare l'altro e a farlo sentire prezioso ed essenziale.

Il terreno che tu preparerai in questo momento, porrà le basi per la fiducia in futuro del tuo potenziale obiettivo perché nulla rende una persona fiduciosa di un'altra più della pura adulazione. Il tuo unico scopo qui, sarà quello di farla sentire apprezzata ed adorata inondandola di doni, facendole infiniti complimenti e meravigliandoti spesso della grandezza della sua persona. Per massimizzare l'efficacia, dovrai far sentire l'altro nella posizione di **comandante** della relazione. Lascia che sia lui a decidere dove mangiare, cosa fare e come farlo. Considera questa come una fase di ricognizione durante la quale tu lavorerai avidamente come un vampiro affamato per imparare tutto ciò di cui l'altro ha bisogno, sapere cosa ama e di quali certezze vive. Queste potenti informazioni ti aiuteranno a mantenere il controllo sulla sua realtà nel futuro.

La fase dell'isolamento

Durante questa fase del processo, comincerai invece piano piano ad allontanare lentamente la vittima bersaglio dalle persone più vicine a lei. Queste persone possono includere familiari, amici e, perché no, anche coach, tutor o terapisti. O almeno su questi ultimi potrai provarci.

In una simile situazione, ideale per te, la vittima mancherà del supporto esterno e farà automaticamente delle mosse per essere dipendente da te. In caso contrario, continua con il processo, avrai solo bisogno di più tempo per portare a compimento il piano.

Non sarà necessario comunque isolare completamente l'individuo poiché si isolerà da solo nelle fasi successive a causa di una sopraggiunta ed improvvisa paura e senso di insicurezza. L'isolamento di qualcuno può essere facilmente raggiunto con mezzi sia semplici che complessi. Ad esempio, un'efficace tecnica di isolamento è la tua continua presenza.

Assicurandoti, infatti, di esserci ogni qual volta che qualcuno interagisce con lei, imprime permanentemente la tua persona nella sua realtà. Di conseguenza, tu sarai l'unica vera costante nella sua vita e lei sarà condizionata a NON agire più senza di te. In aggiunta a questo, potrà esserti utile trovare valide ragioni sul perché non vuoi che lei si trovi accanto a determinate altre persone. Il modo più efficace per farlo è indurla a farle sentire come se tu la stessi guardando sotto un contesto di forte disapprovazione a causa della vicinanza che tu reputi pericolosa per i loro giganteschi difetti. Cercherai magari di aggrapparti a qualsiasi scomoda verità su di loro indicandoli come una pesante fonte di disagio per lei.

Nel corso del tempo, comincerai a pensare alla tua felicità, supervisionando però sempre i suoi amici e i suoi familiari. Potrai accelerare il processo magari dicendogli che sbaglia a non preoccuparsi di problemi palesemente gravi, e che la loro vicinanza probabilmente acuisce, facendo leva sul fatto che loro sono troppo vicini alla situazione per vedere la realtà e focalizzandoti sui loro difetti. La costringerai così ad iniziare a considerarli attraverso una vecchia lente incrinata che la porterà inevitabilmente ad allontanarsi con la convinzione che sia la cosa migliore per lei.

La fase di condizionamento

Durante questa fase, ti consiglio di concentrarti principalmente sul fatto che la tua vittima è la sola ed unica responsabile del fatto che tu non la ami più come una volta. Dovrai passare dal considerare la sua compagnia a concentrarti sui suoi molteplici difetti. Comincerai quindi a bisticciare in una maniera non eccessivamente violenta ma facendo comunque in modo di farle credere che il motivo di questi litigi potrebbe avere un impatto considerevole sulla relazione. Dovrai saper dosare i litigi e contemporaneamente prendere le distanze dalle sollazzevoli abitudini precedenti in cui facevi tutto ciò che era in tuo potere per farla sempre sentire validata.

Mentre prima costruivi il tuo mondo intorno a lei, ora inizierai a giudicare piccole abitudini che ti fanno arrabbiare sbarrando improvvisamente la strada ai rinforzi positivi iniziali in modo da farle cominciare a credere che tu stai avendo ripensamenti sulla sua persona. In un certo senso, minerai quel territorio che tu stesso hai contribuito a costruire.

Ciò farà in modo che la vittima inizi immediatamente a mettere in discussione quei comportamenti che, secondo lei, ti hanno portato a farti disamorare di lei.

Pensaci un attimo: cosa succede quando ti ritrovi improvvisamente fuori dalla tua casetta calda, immersa in un freddo gelido di una plumbea giornata invernale? Ecco, queste sono le stesse identiche sensazioni che vuoi far vivere alla tua vittima con il gaslighting.

Insomma, falle provare quanto è freddo il mondo all'improvviso senza il tuo supporto e poi dalle motivazioni sul tuo improvviso cambiamento: **le sue azioni**.

Toglile improvvisamente tutte le gentilezze che le stavi facendo piovere per condizionarla fino al punto in cui, dilaniata dall'amore (?), comincerà a considerarti come il suo unico punto di riferimento. L'approccio più efficace sarà quello di renderla insicura proiettando i tuoi problemi su di lei. Ed indipendentemente dalle difficoltà che si presenteranno, punta il dito contro di lei spiegandole come tutto sia colpa sua e non tua.

Considerando che la stavi trattando così bene, accetterà la colpa facilmente e non ti biasimerà per il tuo comportamento perché, al momento, sa che sei una brava persona. Comincerà piano piano a pensare di essere una persona non degna di gentilezza ed amore.

Durante questa fase, magari, noterai che potrebbe tornare a rivolgersi a qualche persona cara perché non si fiderà più del proprio giudizio. E lo farà per cercar di capire dove sta la verità.

La fase di accettazione

Dopo un po' di tempo vissuto nella fase di condizionamento, la tua vittima, alla fine, imparerà ad accettare la nuova situazione. Comincerai a notare che è spesso d'accordo quando la accusi di cose che potrebbe o non potrebbe aver fatto. Ma dovrai andare oltre! Dovrai completare il processo assicurandoti che non riuscirà più a fidarsi di sé stessa ed allo stesso tempo evitare di mettere in discussione il tuo giudizio.

La vedrai cominciare a dubitare di ogni sua decisione. Inizierà da sola a fare il lavoro per te e prenderà come oro colato tutto ciò che tu dirai. Insomma, la sua autostima sarà totalmente azzerata e lei sarà diventata la tua marionetta.

In questa fase potrai addirittura inventare litigi e costruire conflitti insistendo sul fatto che lei è pazza e completamente fuori dal contatto con la realtà. Potrai far finta di aver detto cose che non hai mai detto e accusare lei di aver fatto cose che non ha mai fatto in un perverso gioco di rimbalzi di accuse e cattiverie per confonderla sempre di più.

L'idea è farle credere che tutte le emozioni negative che vive sono il frutto della sua improvvisa e sopraggiunta pazzia volta ad attirare la tua attenzione. Sarà quindi sul punto di soccombere alla pressione della tua influenza.

Quando poi, ormai, avrà cominciato ad assecondare completamente i tuoi modi, sorvolerà sulle tue ambiguità ed accetterà le tue bugie, potrai cominciare di nuovo ad esser gentile con lei rassicurandola sul fatto che la ami ma senza evitare di alludere vagamente a quanto lei sia una persona problematica. Tutto questo, rafforzerà in lei l'idea che la visione corretta della realtà sia quella dettata da te. A questo punto, sarà completamente sottomessa al tuo potere.

La fase di dominazione

Non appena la tua vittima avrà cominciato a realizzare ed accettare la nuova situazione, sarà ormai alla continua ricerca della tua approvazione. Lei è esattamente dove tu vuoi che sia e sarà completamente malleabile.

Questa è conosciuta come fase di dominazione. La vittima sarà interamente sotto il tuo controllo, in totale stato di dipendenza. Il tuo compito, a questo punto, sarà solo quello di mantenere la sua mente e le sue emozioni imprigionate nella tua realtà. Tu, in questo momento, avrai il totale e completo controllo su ogni suo pensiero ed azione. Potrai tratteggiare e definire il suo mondo ed ogni tuo obiettivo potrà esser raggiunto.

Fai attenzione però, questa fase è un processo in continua evoluzione. Se smetterai di attuare questa forma di comunicazione manipolativa, potresti correre il rischio di vedere la vittima ritornare al pensiero libero. E tu caro il mio narcisista perverso in erba non vuoi questo vero? Sarà quindi essenziale non abbandonare i tuoi obiettivi perché l'ultima cosa che vuoi è che lei se ne vada e si renda conto di ciò che le hai fatto.

Potrebbe anche verificarsi che, a seguito di informazioni e magari qualche seduta di psicoterapia, la vittima ti accusi di farle gaslighting. Stai tranquillo, ancora non sarebbe in grado di allontanarsi e tu potrai farla sentire ancora più folle. Se stai procedendo bene, quella persona sarà totalmente assoggettata al tuo potere.

Ricorda infine di non smettere mai di premere l'acceleratore sul condizionamento secondo il quale tu hai ragione e lei ha torto. Questo ti aiuterà a mantenere il controllo e probabilmente ti permetterà, più avanti, di guadagnare ulteriori privilegi da parte dell'individuo manipolato.

Questo, amica mia, è in sintesi la schematizzazione del processo di gaslighting. Ho cercato di semplificarlo il più possibile dandoti l'opportunità di immedesimarti nel tuo aguzzino, e magari continuerò a farlo anche più avanti, proprio per cercare di riuscire a farti meglio comprendere come lavorano. Spero di averti lasciato qualcosa e, soprattutto, spero di non averti turbata. Sto scrivendo questi libri proprio per introdurre quante più persone possibili alla comprensione di questo disturbo della personalità per offrire spunti di riflessione prodromici poi ad un approfondimento ulteriore su testi sicuramente più tecnici. Il mio obiettivo e quello di aprirti le porte della consapevolezza e darti quante più informazioni possibili, alcune spero sinceramente nuove, raccolte in più libri per cominciare a far luce su questo fenomeno ormai pericoloso e dilagante. Il web è un'ottima fonte di informazioni ma, come saprai, anche molto dispersiva.

Ed ora passiamo al terzo capitolo, buon proseguimento.

Analizziamo adesso quelle situazioni e quelle tipologie di vittima sulle quali l'individuo narcisista si butta a pesce sfoggiando tutto il suo armamentario.

Quando qualcuno si scusa in modo eccessivo

Una persona che è fortemente incline alle scuse come risposta predefinita al conflitto è una persona che reagisce in quel modo anche quando il narcisista la biasima sul non ricordare correttamente le cose. Un individuo di questo tipo è un soggetto che si trova nella situazione dell'incolpare sé stesso prima ancora che l'abusante agisca malignamente, proprio perché già abituato a considerarsi come sbagliato ogni volta che nasce un conflitto.

Da quando la persona disturbata smette di essere incredibilmente utile e accondiscendente verso la vittima, lei comincerà a pensare molto rapidamente che l'improvviso arresto nel comportamento del narcisista è colpa sua. E quando le verrà rinfacciato di esser esagerata ed eccessivamente drammatica, sarà incline ad accettarlo molto facilmente.

Questo tipo di persona è purtroppo consapevole già in partenza di aver torto per la maggior parte del tempo. Di conseguenza non si opporrà più di tanto quando il narcisista farà di tutto per rimproverarla.

Qualcuno che ha bisogno costantemente di validazione da parte degli altri

Le persone che hanno bisogno di sentirsi continuamente validate sono persone molto facili da manipolare. Se, infatti, l'unico modo in cui si sentono bene è quando si enfatizzano i loro pregi, spesso anche quando tutto è esplicitamente richiesto, per il narcisista sarà non solo scontato ma anche opportuno riservargli il trattamento che meritano. E poiché la reputazione è in cima alla lista delle cose importanti per loro, crederanno anche molto rapidamente a qualsiasi feedback negativo nei loro confronti.

Queste persone, in situazioni di questo tipo, cercheranno rapidamente di cambiare sé stesse ed i loro comportamenti per ricominciare ad ottenere quella convalida esterna che hanno vissuto durante la prima fase della relazione. Ed accetteranno anche di passare spiritosamente come "matte" agli occhi del narcisista se questo potrà renderlo felice. Insomma, qualcosa di molto vicino ad uno zerbino ma non ancora meglio identificabile.

Qualcuno che ha sempre bisogno di qualcosa dagli altri

Un individuo che dipende patologicamente da un altro sarà puntualmente sempre pieno di sensi di colpa che il manipolatore potrà, in seguito, rigirargli rapidamente contro. Si sentirà sempre in errore nel pensare il peggio relativamente al narcisista perché, nel suo intimo più profondo, è consapevole che lui si sta comportando bene. È una consapevolezza distorta che può dipendere da molteplici fattori.

Sarà incredibilmente facile convincerlo ad agire sulla base di un senso di colpa cronico e indotto al fine di ottenere approvazione. E questo lo porterà a pensarci due volte prima di disperarsi implorando di aver bisogno di qualcuno. Sono, in sostanza, tipologie di soggetti estremamente servizievoli e capaci allo stesso tempo di reprimere qualsiasi loro bisogno pur di non nuocere al prossimo.

Indurli a credere nella fiducia verso gli altri è molto facile. Portarli a pensare che agire in funzione dei propri bisogni è una specie di auto-sabotaggio pure.

Qualcuno che non è stato coccolato da bambino

Sebbene questa non sia una garanzia, in generale, le persone che crescono senza il giusto affetto sembrerebbero essere molto più vulnerabili ad un certo tipo di tecniche di condizionamento perché spesso avvertono un bisogno maggiore di gentilezza umana.

Questo significa che possono essere presi di mira in modo eccellente durante la fase romantica perché l'adulazione sarà tutto ciò di cui loro pensano di aver bisogno. In sostanza darai loro qualcosa che, nella loro mente, tutti gli altri hanno e che loro non hanno mai avuto.

Questa tipologia di persone ha anche maggiore inclinazione a "servire" il prossimo quando la gentilezza e l'adulazione vengono improvvisamente trascinate via poiché potrebbe far vibrare in loro il trauma dell'infanzia per il quale non hanno ottenuto l'amore che meritavano. Con l'aggravante che, nel contesto di una relazione narcisistica manipolatoria, gli viene esplicitamente detto che è colpa loro. Chiariamoci, anche durante l'infanzia la negazione del sé è piuttosto marcata. Ma in una relazione romantica, lavorativa od amicale, essa è molto più manifesta.

Questo processo potrebbe innescare una seria disperazione dovuta al fatto di sentirsi letteralmente consumati nel dover sempre e comunque rincorrere qualcuno per farsi accettare. Il trauma infantile potrebbe esser rivissuto, anzi, quasi sicuramente lo è, e portato all'eccesso proprio per dimostrare a sé stessi che quel mancato amore non è colpa loro. È un processo tutto inconscio. Sono erroneamente consapevoli di essere la causa di tutto e drammaticamente inconsapevoli del non esserlo. Ed il gaslighting del narcisista gioca proprio su questo paradosso psichico.

Qualcuno che fa di tutto per evitare una lotta

Le persone che tendono ad evitare lo scontro sono anche particolarmente vulnerabili a questo tipo di tecniche perché cercheranno sempre di fare qualsiasi cosa per evitare il conflitto. Ciò significa che quando qualcuno, fermamente, dice loro che hanno torto o che non stanno valutando bene una determinata situazione, sarà molto più probabile che si scusino e si allontanino piuttosto che affrontare il disagio di continuare a discutere.

Generalmente, il conflitto non si instaura o dura poco. Ed inoltre, il sollievo che provano quando il conflitto termina, e ciò avviene molto velocemente quando nasce un conflitto, fungerà da rinforzo positivo per il narcisista che ovviamente si sentirà autorizzato non solo a continuare in un simile comportamento ma anche ad alzare l'asticella. Vogliono sempre vedere fino a che punto riescono a spingersi, questa cosa li eccita in modo quasi perverso. Nella mente della vittima, quindi, sarà bello essere d'accordo con lui. Sarà bello anche se ciò che stanno subendo è distruttivo.

Qualcuno che si definisce un sollazzo per gli altri

Ed eccoci qua amica mia. Siamo alla tipologia cuor di leone, individuo con le palle, elemento tutto di un pezzo. Il tipo di persona che mira ad una cosa sola nella vita: rendere felici coloro che li circondano! A qualsiasi prezzo e con qualsiasi mezzo. Qui siamo al livello sotto-zerbino. Queste persone eviteranno di fare qualsiasi cosa possa render insoddisfatti gli altri di loro. Saranno pronti a farsi calpestare ad ogni occasione. Tu li affronti dicendo che hanno torto? Loro cominceranno a scodinzolare al ritmo di un tergicristallo impazzito, desiderosi di cambiare il tuo cattivo umore in uno migliore e probabilmente saranno anche d'accordo con te in caso di tuo palese torto. In sintesi: la nemesi di una foca che applaude.

Su questo tipo di persona ci si può sempre contare. La si può piegare fino a quando non si rompe e la fase di condizionamento dura più o meno quanto la performance di qualcuno che soffre di eiaculazione precoce. Quando sarà isolata, poi, sarà talmente veloce nel soddisfare i tuoi desideri che tu quasi ne sarai stufo. Ma non farglielo capire, altrimenti non finisce più...

Ops, scusami, in questo paragrafo sono tornata a farti ri-immedesimare nel ruolo del narcisista.

Qualcuno che è tutto solo al mondo

Anche quest'ultima tipologia, a Roma si dice, gliel'ammolla. Difatti, poiché una parte significativa del processo di gaslighting ruota attorno al tempo necessario per isolare l'individuo, trovare qualcuno che è già solo come un cane, contribuirà a rendere il processo molto più snello e yeahhh di quanto si pensi. Non si dovrà passare parecchio tempo nel rompere i loro sistemi di supporto (amici e familiari) e di conseguenza non ci sarà mai nessuno in giro che si prenderà il tempo di valutare i comportamenti e le azioni del soggetto disturbato. Insomma, nessuno li guarderà da vicino ed il narcisista potrà facilmente entrare e riscrivere totalmente il loro mondo.

Considerandosi essi stessi degli estranei, queste persone sono vulnerabili all'incantesimo del gaslighter. E dato che lui all'inizio sarà così saggio, gentile ed affascinante, si fideranno in men che non si dica del giudizio su ciò che è o non è un comportamento appropriato più di quanto si fidino del proprio. Insomma, queste ultime due tipologie di individui sembrano vagare per il mondo con un cartello con sopra scritto **puoi fare di me quello che vuoi, mi va bene tutto ed in ogni caso io per te ci sarò sempre.**

Capitolo 4 – Il palcoscenico del Gaslighting

Il narcisista è un esperto del suo gioco. Il gaslighting, la menzogna e l'inganno sono le uniche cose in cui il narcisista è davvero bravo. Si è esercitato fin da quando era bambino. Ed imita alla perfezione ciò che ha appreso come mezzo di difesa o ciò che gli è stato insegnato dal suo genitore tossico e narcisista. L'unica tipologia di bambino che sfugge al gioco mentale narcisistico è quella del bambino che rifiuta in principio tutto ciò che gli è stato insegnato dai suoi genitori narcisisti. Questo bambino di solito riesce a distaccarsi prima, non "entra in contatto" con un certo tipo di comunicazione manipolativa.

Il narcisista è un amante della strategia. Di conseguenza, ama l'inseguimento, ama i giochi mentali che derivano dal gaslighting e che ne sono il presupposto, ama la fantasia, ama le sciarade e la stupidità. Gli piace proprio mentire e manipolare. Ci sguazza dentro.

Non ha un sistema di credenze attraverso le quali può esser in grado di capire che sbaglia nel fare determinate cose e giustifica sempre il suo comportamento sulla base di un vissuto di esperienze negative con gli altri nel corso della sua vita. Si sente quindi nel pieno diritto di trattare gli altri ripetendo determinati schemi disfunzionali.

Il narcisista non fa eccezioni a questa regola, la ripete con tutti. Siano essi figli, genitori, nonni, coniuge, amici, conoscenti, colleghi di lavoro ecc. Tutti sono sempre vittime delle sue menzogne e delle sue manipolazioni. Se è molto abile, cioè in un grado dello spettro di narcisismo piuttosto alto, può arrivare persino a triangolare nell'interazione tutti questi soggetti. Così, se sta interagendo e magari è in conflitto con uno, ciò non influisce su tutti gli altri che magari gli stanno dando amore, ammirazione e attenzione incondizionatamente. Questo viene identificato come **rifornimento narcisistico**, o carburante emotivo, ed è la sua linfa vitale. Pertanto, è molto abile nel costruire queste reti, questi harem eretti su palcoscenici emotivi dai quali attingere energia a seconda delle circostanze.

Il narcisista ha una morale e dei valori tutti suoi. Pretende giustizia, lealtà e rispetto delle regole da parte degli altri e nei suoi confronti ma non ha assolutamente problemi a non rispettare determinati valori e ad infrangere le regole quando si tratta di ottenerne vantaggi. È un paradosso camminante oltre che un abile camaleonte, in grado di nascondersi nel caso in cui si rende attore di qualcosa di losco o fraudolento.

Urlerà forte e chiaro a tutti gli altri quando si sentirà offeso e non è permesso a nessuno di metterlo nei guai o provare ad adire vie legali, a meno che tu non abbia disegnato un grosso bersaglio sulla schiena piantato lì dallo stesso narcisista e dal suo gruppo di scimmie volanti e che sia facilmente dimostrabile da un punto di vista tecnico-giuridico.

Nella prima fase comincerà a raccogliere informazioni sulla vittima per poi utilizzare queste informazioni contro di lei più e più volte durante la relazione. Controllerà come un segugio i suoi accounts sui social media, hackererà le e-mail, monitorerà i conti correnti ed altro ancora. Il narcisista non ha confini perché qualcuno gli ha insegnato a non avere limiti. La sua privacy, la sua morale ed i suoi valori sono stati calpestati ripetutamente sul nascere e di conseguenza, oggi, si sente di poter fare altrettanto con quelli degli altri.

Monitorerà la posizione della vittima utilizzando localizzatori GPS, oppure localizzatori di applicazioni telefoniche ed altro. Se non riesce a trovare un modo per localizzarla, sguinzaglierà le scimmie volanti, contatterà le persone in comune e potrebbe persino arrivare a chiamare le forze dell'ordine per scoprire dove si trova. Il suo senso di possesso è esasperato, almeno sin quando non trova una sostituta in grado di garantirgli nuova benzina e comunque non staccando mai il radar dalle ex. Detesta il rifiuto in modo patologico. Questo è il motivo per cui tiene "appesa" la vittima con false promesse quando è altrove a spupazzarsi qualche altra malcapitata. Se viene lasciato può diventare molto feroce fino ad arrivare a compiere atti di stalking e violenza fisica.

Spia spesso la vittima e insegue i suoi amici; si informa sugli ex e sulla famiglia. Se stai vivendo una situazione di questo tipo, non sorprenderti se lui dovesse dimostrare di conoscere di te molto di più di quanto tu abbia condiviso con lui durante le tue conversazioni. Ti ha studiata online, ha chiesto informazioni su di te ad altre persone, ha spiato le tue attività, i tuoi amici ed i tuoi ex, amanti e non.

Il narcisista è un voyeur come nessun altro. È un osservatore! Non è attore della propria vita ma preferisce sedersi comodo sul divano ad osservare quella degli altri con un bel secchio di popcorn in mano. Tu potresti essere magari occupata al lavoro per notare la sua presenza ma stai pur sicura che lui è lì negli angoli più nascosti con il suo vestito nero e la maschera di Diabolik a spiarti contro la tua volontà. Se proverai ad accusarlo, magari in una botta di pulsione felina, lui rigirerà la frittata facendoti sembrare pazza e paranoica.

Lui ti lascerà intendere che ti sta monitorando per fare in modo che tu non esca fuori dal suo territorio. Gli piace che tu possa sentirti sotto pressione ed inquieta. Farà in modo che tu veda alcune circostanze delle sue malefatte ma è particolarmente attento a non farti vedere propri tutto. D'altronde lui non vuole essere abbandonato, lo teme più di ogni altra cosa (se non l'hai capito ti sto dando un consiglio) ma allo stesso tempo non vuole nemmeno essere completamente **catturato** e sentirsi prigioniero.

Ti mostrerà spesse volte, più o meno velatamente, quanto lui possa manipolare gli altri e metterli contro di te soprattutto con la tecnica della triangolazione. È tutto fatto nell'ottica di farti credere che sia onnipotente e onnipresente nella tua vita. Vuole che tu sappia che può maltrattarti e controllarti anche quando non gli sei vicino. Il gaslighting ha lo scopo di dimostrarti che può distorcere i tuoi pensieri e le tue motivazioni in ogni momento.

In un contorto gioco di proiezioni ama causare quella che nel gergo tecnico viene definita dissonanza cognitiva in modo da confonderti e renderti instabile come è lui. Più riesce a renderti cognitivo-deficiente come lui, più si sentirà legato, per modo di dire, a te. Tieni sempre presente che il rapporto è disfunzionale, non è sano, è tossico.

Produrrà questo tipo di legame traumatico fino a quando non ti avrà sotto il suo pieno controllo. Ti impedirà di avere amici, di avere successo e persino di essere umana. Ti soffocherà la psiche e negherà la soddisfazione dei tuoi bisogni all'improvviso per tenerti sempre sul filo del rasoio, perfettamente al passo con i traumi che ti incatenano a lui.

Potrebbe minacciarti fisicamente se proverai ad allontanarti, eserciterà un rigoroso controllo finanziario su di te se vivrete assieme e strapazzerà il tuo cervello in modo da non farti essere più in grado di pensare da sola.

La sua condizione è una forma di lavaggio del cervello a cui, probabilmente, è stato sottoposto in età infantile. Anche se, come abbiamo esplorato in altri miei libri, non sempre la causa del narcisismo è familiare.

Il narcisista non può tollerare i pensieri e non può tollerare le opinioni ed i sentimenti degli altri. Tu **devi** pensare come lui e **devi** apprezzare tutto ciò che lui ama. **Non devi** avere amici né ex amanti nella tua vita.

Non dovresti avere una cultura superiore alla sua o un lavoro migliore del suo nella tua vita. Dovrai essere sempre pronta ed in attesa di servirlo, fare le sue faccende e trastullarlo come una schiava. Se questo non ti piace, verrai eliminata e lui troverà, se non lo ha già fatto, qualche altra vittima pronta a prendere il tuo posto, irretita dalle sue offerte iniziali.

Questo è il suo palcoscenico. E lui ne è il principale e folle attore. Non c'è un antagonista, la sua natura non lo consente. Ci sono, semmai, i comprimari, i nemici e i passanti. Ma alla fine sono tutti spettatori del suo perverso e macabro spettacolo.

Capitolo 5 – Lo strumento definitivo della manipolazione

Il gaslighting è sicuramente lo strumento peggiore attraverso il quale le personalità narcisistiche manipolano il prossimo. Di conseguenza dovrai esser consapevole di come esso funzioni se hai intenzione di riconoscerlo e magari anche evitarlo.

Ne avrai senza dubbio sentito parlare in quanto, negli ultimi anni, relativamente al tema del narcisismo, è stato uno degli aspetti più discussi e dibattuti.

Ripassiamone ancora una volta il significato. In poche parole, il gaslighting è una forma di abuso psicologico ed emotivo che induce la vittima a mettere in discussione la propria percezione degli eventi reali ed a dubitare della sua sanità mentale.

In una simile situazione, la persona non sa se fidarsi o meno dei propri pensieri e delle proprie azioni e spesso si allontana dai consigli delle persone a lui care, semplicemente perché immerso in uno stato di forte ansia e tremenda confusione.

Non esiste un modo preciso per spiegare come poter individuare questa forma di manipolazione. Ti posso dire che si manifesta attraverso una sensazione di costante incertezza, spesso molto marcata, da indurti a pensare di esser sul punto di impazzire. Ed è grave a prescindere. Sia che la vittima ne venga colpita leggermente od in modo piuttosto serio.

Se stai cercando adesso una definizione più tecnica di gaslighting posso darti questa: <u>forma di manipolazione psicologica ed emotiva attraverso la quale una persona (gaslighter) semina costantemente il dubbio nella propria vittima inducendola a mettere in discussione i suoi pensieri, la sua memoria, la sua percezione esterna e la propria sanità mentale.</u>

Come sappiamo, esistono diverse tipologie di narcisista. Tutte però utilizzano il gaslighting in modo piuttosto frequente. Ti stupirà, inoltre, apprendere che i narcisisti maligni sono probabilmente i più riservati nel fare gaslighting.

Il presupposto di base è che comunque qualsiasi forma di gaslighting è pericolosa. E va anche sottolineato che non necessariamente esso è uno strumento ad **uso e consumo** di soggetti che soffrono di DNP. Molte altre persone, pur non soffrendo di questo disturbo, utilizzano questa tattica di manipolazione per esercitare controllo e provocare angoscia nel prossimo in uno dei modi più subdoli possibili. La cosa curiosa è che, molto spesso, anzi quasi sempre, è un fenomeno del tutto inconscio.

Perché il gaslighting è così pericoloso?

Il motivo per cui il gaslighting è così pericoloso è a causa del modo lento ed ingannevole in cui viene eseguito. Come abbiamo già detto, a volte il gaslighting viene utilizzato anche da soggetti che non soffrono di questo disturbo della personalità. In tal caso, l'azione, o l'effetto di essa, potrebbero non essere intenzionali.

Tuttavia, nel caso di un narcisista, questo processo è intenzionale, che attenzione non sempre significa conscio, ed è attuato per portare la vittima sotto il suo totale controllo.

Se praticato per un lungo periodo, il gaslighting può causare gravi danni alla salute emotiva e mentale del soggetto che lo subisce. L'esser sottoposti ad un gaslighting frequente è stato spesso collegato ad ansia, PTSD (post-traumatic stress disorder), depressione e, nei casi peggiori, a disequilibrio della salute mentale che potrebbe indurre a pensieri di autolesionismo ed azioni suicide.

Insomma, non va preso assolutamente alla leggera.

Può essere utilizzato in una miriade di modi diversi e a breve ne metteremo a fuoco alcuni esempi. Quello su cui ti invito a soffermarti un momento è che quando si comincia a mettere in discussione la propria sanità mentale, si è sul punto di perdere il controllo su sé stessi e sulla realtà circostante. E questo potrebbe avere conseguenze molto gravi. Soprattutto se l'individuo di base non ha un carattere molto forte.

L'obiettivo del gaslighter è quello di controllare la mente della vittima. Riuscire a liberarsi da questa presa richiede uno sforzo enorme e spesso anche un aiuto professionale e qualificato. E le ferite sanguineranno per molto tempo fino al punto di condizionare la vittima a non fidarsi più di nessuno. Ma, non preoccuparti adesso, continua a leggere perché, fortunatamente, a questo c'è rimedio. L'importante è che tu acquisisca consapevolezza del suo subdolo e perverso meccanismo per avere un buon punto di partenza dal quale ricominciare a progettare nel migliore dei modi il tuo futuro. Dopo penserai al resto. E ti assicuro che con una buona consapevolezza ben radicata dentro di te tutto ti verrà più facile.

Avanti allora.

Esempi di Gaslighting

Di base vorrei che tu cominciassi a metabolizzare il fatto che il gaslighting, in ogni sua forma, non è accettabile. Il problema sta nel fatto che realizzare di esser vittima di gaslighting al 100% non è semplice. Potresti averne una vaga idea ma i tuoi dubbi saranno spesso sufficienti a depistarti ed a buttarti fuori rotta. Potresti finire in un circolo vizioso di continui ripensamenti che rischierebbe solo di aggravare la tua situazione. Per questo desidero ribadire ancora una volta l'importanza della conoscenza che dovrà necessariamente partire da una buona informazione.

Continua a leggere questo libro ma, mi raccomando, approfondisci anche su altri testi. Più ne sai, meglio è. Ok?

Ora, per aiutarti a capire bene la faccenda, cercherò di fornirti un'immagine di ciò che può ben identificare il gaslighting. Un'immagine che sicuramente avrai già visto: pensa ad una gigantesca mano che tiene le corde di un burattino. Le azioni del burattino sono controllate da quelle corde che a loro volta sono controllate dalla mano. Ecco, il narcisista è la mano, le corde rappresentano il gaslighting ed il burattino sei tu. Ci sei? Passiamo ora ad alcuni esempi ma senza evitare di fare una precisazione. Questi esempi andranno presi e contestualizzati in una situazione relazionale di per sé tossica. Letti asetticamente, senza avere ben presente una situazione di base disfunzionale, potrebbero sembrare scritti da un ebete ok?

Bene.

Esempio 1

Sai per certo che il tuo partner si sta scrivendo con un'altra donna, l'hai visto sul suo telefono e hai visto anche il nome della donna con il relativo messaggio. A questo punto non hai dubbi e decidi di confrontarti con il tuo partner su ciò che hai visto. Spieghi tutto con calma e gli chiedi cosa sta succedendo. Lui, piuttosto che spiegare la realtà della situazione, potrebbe d'altronde anche essere innocente visto che quella persona potrebbe essere magari una collega di lavoro, comincerà a confonderti dicendoti che ti sei sbagliata, che è impossibile che tu abbia visto quel messaggio perché lui non l'ha mai scritto e che non conosce nessuna Laura, Cristina o Giorgia, scegli un nome a caso. Magari ti darà anche della pazza accusandoti di essere totalmente infedele e di inventare storie per farlo sembrare cattivo. Esploderà in una rabbia incontenibile, si mostrerà sinceramente ferito, ed in te comincerà ad instillarsi il dubbio. Comincerai a dubitare di aver letto il messaggio. Alla fine, lascerai cadere e ti scuserai non essendo più sicura di ciò che hai visto e fatto.

Esempio 2

Hai programmato con il tuo partner di uscire per cena. Hai fatto piani precisi relativamente al tuo ritorno a casa da lavoro ed eri d'accordo con lui che sareste usciti per recarvi nel vostro ristorante preferito. Così, fai tutto secondo indicazioni, ti prepari e ti siedi ad aspettare.

Il tuo partner si presenta con un ritardo di quattro ore. Cosa ancora più grave, si presenta con amici lasciandoti intendere che il ritardo è dovuto al fatto che sono rimasti a bere qualcosa dopo il lavoro.

Lo affronti e gli chiedi perché non è tornato a casa per andare a cena con te come avevate programmato e, nel caso, perché non ti ha scritto per comunicarti che i programmi erano cambiati. Lui comincia a negare tutto dicendo che non aveva nessuna cena in programma con te e ti rinfaccia di vaneggiare quando tu cerchi di ricordargli la conversazione. Dulcis in fundo, scuote la testa ridendo con i suoi amici mentre allude ad una tua spaziale immaginazione.

Esempio 3

Ti piace dipingere, è qualcosa che hai fatto come hobby per un po' di tempo nella tua vita. Nonostante la passione per la pittura, però, non sei troppo sicura delle tue capacità. Il tuo partner lo sa ed occasionalmente fa leva su questa tua sensibilità per svalutarti.

Lo fa dicendoti magari un giorno quanto è bello il tuo dipinto per poi il giorno successivo cominciare a criticarlo con commenti dispregiativi.

Quando poi tu abbassi la guardia mostrando tutto il tuo turbamento, lui torna sui propri passi lanciandosi in un'osservazione irriverente del tipo "non essere sciocca, sai che sto scherzando". Nonostante questo, però, la critica fatta sottilmente ha intaccato la tua sicurezza fino al punto di crearti disagio nel voler magari mostrare futuri lavori.

È tutto studiato per fare leva su ciò che ami ed usarlo contro di te ed è una tattica molto frequente nel gaslighting. Quando hai un hobby, il narcisista lo vive come una minaccia perché pensa che possa darti l'occasione di incontrare altre persone. E d'altronde l'interesse comune si presta molto a questo. È un sentimento in bilico tra invida e gelosia. Infine, una passione per qualcosa ti da fiducia. Lui invece vuole togliertela.

Esempio 4

Provi, con assertività a far capire qualcosa al tuo partner e lui se ne esce improvvisamente con "è tutto nella tua testa". Ciò può riguardare qualsiasi situazione. Gli stai, ad esempio, chiedendo lumi su qualcosa che ha fatto e di cui nega la realtà e gli provi a far capire lo sbaglio quando lui comincerà ad alterare le tue percezioni per confonderti e rigirare tutto a suo vantaggio.

Esempio 5

È successo qualcosa nella tua relazione e stai parlando con il tuo partner cercando di spiegargli il tuo punto di vista. Lui, invece di ascoltare e spiegare il suo, fingerà di non avere idea di cosa tu stia parlando e comincerà ad usare espressioni quali "oh, di nuovo?". Questo è un modo per indurre la vittima a chiedersi se abbia già sollevato questo argomento.

L'esempio, contestualizzato alla situazione, potrebbe essere quando la vittima prova a spiegare al narcisista che non gli piace che lui non l'avvisi in tempo del fatto che ha intenzione di andare a trovare i suoi amici. Lui, torna regolarmente a casa alle 4 del mattino e a lei comincia a dare fastidio. Invece di parlarne, però, il partner se ne uscirà appunto con frasi tipo "di cosa stai parlando? Non torno mai a casa alle 4 del mattino", oppure "perché continui a dire cose del genere? Non è vero". Insomma, invece di discutere e risolvere il problema, la situazione entra in un tunnel senza via di uscita fin quando la vittima, esausta, alla fine lascerà stare perché consapevole di non arrivare da nessuna parte.

Ti ho voluto velocemente mostrare cinque situazioni di come potrebbe apparire il gaslighting. Ovviamente, ci sono infiniti scenari che potrebbero verificarsi all'interno di un qualsiasi tipo di relazione ma con questi cinque ho voluto solo cercare di farti capire con che meccanismi operano le loro tattiche. Vediamo adesso di schematizzare qualche ulteriore elemento.

I principali modi in cui il gaslighting si manifesta:

- Usare contro di te ciò che ami. È lo scenario più caratteristico.

- Negare ciò che sa di aver fatto.

- Minare la tua fiducia con frasi tipo "sei gelosa, non ho voglia di discutere" oppure "perché sei sempre così sensibile?".

- Farti pensare che è tutto nella tua testa.

- Rigirare la frittata e biasimarti quando invece è tutta colpa sua.

- Fingere di non avere idea di che cosa tu stia parlando.

- Porre domande ripetitive per farti dubitare quando gli provi a spiegare come ti senti riguardo ciò che ti ha fatto con frasi del tipo "sei proprio sicura?".

- Riferirti ciò che la gente pensa di te magari comunicandoti dettagli su considerazioni brutte nei tuoi riguardi ma che sono assurdamente prive di ogni fondamento.

Queste tattiche sono tutte create per toglierti fiducia e farti mettere in discussione la tua percezione della realtà. L'ultima modalità in particolare viene spesso usata per alienarti dalle persone che il narcisista considera una minaccia tipo i tuoi amici e la tua famiglia. Te ne ho già accennato prima.

Andando avanti, esamineremo i segnali che potrebbero indurti a comprendere di essere in una situazione di manipolazione perversa. In una relazione con un narcisista il gaslighting è sempre una costante. Alle volte è dirompente, altre assente ma è un ciclo che si ripete in continuazione. E ciò su cui desidero ancora soffermarmi è che questo strumento di manipolazione è molto pericoloso perché tende a far perdere alla vittima il controllo di sé stessa minando la sua fiducia ed influenzando il modo in cui essa pensa.

Le tattiche psicologico-manipolative, perché di questo si tratta, sono un qualcosa che bisogna combattere fin da subito. Il problema del gaslighting è che essendo estremamente subdolo non è facile da controllare. Quando una persona dubita di sé stessa è debole. Ed il gaslighting punta a questo. Mira ad avvelenarti l'anima e ad indebolirti. È come esser sotto l'incantesimo di una strega cattiva. E bisogna liberarsene il prima possibile.

Uscirne potrebbe rappresentare un'enorme sfida. Ma cerca di renderti conto che quando cominci ad analizzare troppo le cose all'interno di una relazione, stai cominciando a perdere il senso del tuo autocontrollo e dalla tua autostima. Stai dando più importanza al partner e alla relazione anziché a te stessa. Nessuno si merita la tua sofferenza. E per questo dovrai cominciare a combattere queste tattiche il più presto possibile.

Ora, come per la maggior parte delle cose relative al narcisismo, il gaslighting non viene utilizzato continuamente. E, come detto, sarà molto difficile da identificare. Il narcisista può usare il gaslighting una o due volte in rapida successione ma poi smetterà lasciandoti il tempo di **metabolizzare** la confusione. Più avanti ricomincerà...per poi smettere di nuovo e così via. È uno strumento, forse il peggiore, subdolo ed intelligente, progettato per avere sulla vittima il massimo impatto. E, sfortunatamente, il più delle volte funziona.

Spunti da prendere in considerazione fino a questo momento della lettura

1. Il gaslighting non è una nuova tattica. È un qualcosa che esiste da molti anni. Negli ultimi anni, tuttavia, ne siamo diventati più consapevoli poiché, e devo dire anche grazie all'avvento di internet, le istanze sono diventate mainstream. Questa è sicuramente una cosa positiva perché ci consente di diventare più consapevoli relativamente all'argomento, agli utilizzi che se ne fanno ed ai segnali da individuare.

2. Il gaslighting è uno strumento creato da un certo tipo di psiche per indurre la vittima a metter in discussione sé stessa e dubitare delle sue percezioni e della sua salute mentale.

3. È una tattica di controllo che rallenta e succhia via l'autostima della vittima.

4. Può manifestarsi in molti modi incluso il negare fatti accaduti o parole dette fingendo di non capire cosa sta argomentando la vittima, usando le cose che ama contro di lei e dicendole falsamente ciò che gli altri pensano di lei.

5. Anche un soggetto non narcisista può praticare il gaslighting ma è probabile che non abbia intenzioni

gravemente dannose. Un narcisista, invece, fa tutto dolosamente, con l'intenzione di indurre la vittima a metter in discussione la percezione della realtà.

6. Tutte le tipologie di narcisisti utilizzano il gaslighting. Quando però esso è usato da un narcisista maligno, allora è probabile che gli effetti saranno estremamente gravi e pericolosi.

Capitolo 6 – Esser cresciuti da una madre narcisista

In questo capitolo voglio richiamare un po' quanto trattato in un altro dei miei libri "La Madre Narcisista" per inquadrare meglio questa forma di abuso anche nelle relazioni genitoriali e per srotolare quel filo conduttore che mi sono imposta di rispettare quando ho deciso di scrivere non un libro unico ma più libri che fossero in grado di approfondire tutti gli aspetti possibili relativi al narcisismo. Mi è capitato spesso di ascoltare le confidenze di coloro che hanno vissuto il dolore e l'agonia causati dai comportamenti delle loro madri e sebbene le loro terribili esperienze materne siano avvenute anni fa, il dolore è ancora vivo e reale. Il trauma non andrà via tanto facilmente.

Le parole sono potenti. Possono ferire e guarire, costruire e distruggere e possono farlo ancora di più se sono le parole di un genitore, in questo caso una madre. Ascoltare continuamente parole terribili da parte di una madre è un'esperienza devastante. La forza e l'entità di un simile dolore dipendono sempre da chi lo infligge. E sebbene l'abuso sia abbastanza doloroso anche da solo, può essere ancora più doloroso ed invalidante qualora provenga da una madre.

L'abuso verbale (gaslighting), l'abuso fisico, anche se generalmente è raro da parte di una madre e molto più frequente da parte di un padre, e altre forme di violenza possono avere effetti psicologici piuttosto seri su di un bambino. Il bambino può sviluppare ansia, depressione, bassa autostima, insicurezza, paranoia, ecc. Vediamo alcuni di questi effetti.

Ipersensibilità o Insensibilità

I bambini cresciuti da un soggetto narcisista tendono ad essere o troppo sensibili oppure insensibili. E di certo non li si può biasimare. Durante la crescita hanno inconsciamente imparato a leggere le emozioni ed il linguaggio del corpo della loro madre, come d'altronde fa ogni bambino. Il problema è che le mamme narcisiste sono difficili da "vedere" e non provano sentimenti.

Così, per sopravvivere sotto la genitorialità di una mamma narcisista, i bambini hanno dovuto diventare sensibili ai loro segnali contrastanti. Le mamme narcisiste sono tante cose ma essere semplici, empatiche e coerenti non è una di queste. Sono però molto esigenti e criticamente manipolatorie.

Possiamo definire gli effetti dell'esser cresciuto da una mamma manipolatrice come gli aggiornamenti di software. Un bimbo si troverà nella condizione di aggiornare continuamente il suo sistema operativo per **funzionare** bene sotto gli insegnamenti e le cure della madre. Questa esperienza può diventare estremamente frustrante per un bambino perché dovrà sempre stare attento a **studiare** come posizionarsi al meglio per respingere il prossimo assalto genitoriale. Per questo, come atto di estrema difesa, il bambino potrà sviluppare una, definiamola pelle, o molto spessa o miseramente sottile.

Ovviamente, nessuno di questi due risultati è psicologicamente funzionale. Perché una pelle spessa renderà il bambino insensibile alle emozioni e alla valutazione dei sentimenti altrui (deficit empatico) mentre la pelle troppo sottile lo renderà sensibile e concentrato SOLO sui bisogni degli altri piuttosto che sui propri. Questa debolezza, purtroppo, potrà compromettere le relazioni future. La sua natura eccessivamente empatica potrà difatti essere sfruttata dai suoi amici e sfociare nella manipolazione. Nel caso, invece, di una persona insensibile questa sarà destinata a vivere in modo molto arido ed opportunistico.
In sintesi, sia in una circostanza che nell'altra, da adulti avranno difficoltà nel gestire le parole, le azioni ed i sentimenti degli altri.

Insicurezza

Quando dubiti di te stesso, non hai fiducia nelle tue capacità o ti vergogni del tuo aspetto fisico, significa che sei un soggetto **insicuro**. Generalmente, i bambini cresciuti con genitori narcisisti, in particolare le ragazze, hanno sempre dubbi un po' su tutti gli aspetti della vita. Sembrano foglie in balia degli eventi. Hanno sentito così tante volte frasi tipo "Sei così brutto..." oppure

"Non c'è niente di buono in te..." ed altre simili aggressioni verbali da esserne rimasti tremendamente condizionati.

Vengono cresciuti in un territorio di eterno confronto con ogni cosa negativa, come fossero un uovo marcio e, purtroppo, alla fine cominciano a credere di esserlo. Non puoi biasimarli.

Ora, sarai sicuramente d'accordo con me sul fatto che le parole di una mamma, ma in particolare tutte le parole di coloro che ci sono cari, hanno la straordinaria capacità di tagliare profondamente i nostri cuori. Credo, e ne sono fermamente convinta, che un utilizzo sanno relativo alle parole dei nostri cari sia necessario per influenzarci profondamente in modo da poter lenire le nostre anime quando esse vengono turbate. Sfortunatamente, però, alcuni genitori abusano di questo potere al contrario, per condizionarci in negativo.

I bambini cresciuti da madri o genitori narcisisti hanno un'enorme difficoltà nel credere di poter fare quasi tutto. Questo seme negativo di insicurezza ha effetti devastanti sui bambini perché andrà matematicamente ad influenzare le loro vite adulte. Lo so perché l'ho visto in quasi tutte le persone che si sono confidate con me riguardo la loro infanzia.

Per regalarti un esempio che spero riesca ad infonderti fiducia ti racconterò adesso un breve aneddoto.

Ricordo come uno dei miei amici dubitasse così tanto delle sue abilità da esser spaventato su tutto. Un giorno gli chiesi di fare una cosa. Tremo ancora al ricordo di quella paura ingiustificata. Sembrava un passerotto appena uscito dal nido. Anche se poteva svolgere questo compito senza sforzo, dubitava delle sue capacità. Alla fine, ha fatto un lavoro perfetto. Avresti dovuto vederlo...era in preda ad una gioia unica. E quando ho elogiato il suo lavoro, gli sono uscite le lacrime. Vedi? Questo è ciò che alcuni bambini non ricevono da uno dei loro genitori. Se un bimbo cresce con qualcuno che gli dice continuamente che non vale nulla, alla fine agirà continuamente per dimostrare a sé stesso che non vale nulla.

Pensa, questa persona di cui ti ho detto ha quarant'anni, eppure l'impatto del genitore narcisista era ancora al lavoro.

Infine, un'altra cosa che ho capito è che questa insicurezza di fondo può influenzare anche e soprattutto le relazioni romantiche. Posso dirti con sicurezza che l'80% delle persone che si sono confidate con me relativamente a vissuti genitoriali narcisistici hanno avuto ed hanno ancora problemi con i loro compagni. Alcuni riescono a risolverli (mi riferisco all'elaborazione del trauma che finché non risolto agisce come autopilota) dopo un percorso di crescita, altri, purtroppo, continuano a girare a vuoto per molto tempo come criceti sulla ruota.

Ora, però, per favore, non fraintendermi. Non li sto in alcun modo giudicando né sto dicendo che sia colpa loro. Ma da questi schemi ho dedotto due cose:

1. I loro partner hanno sfruttato tutta la loro insicurezza e la loro sensibilità.

2. I loro partner non erano indulgenti verso la loro mancanza di fiducia.

Le persone insicure sono ansiose, cedono spesso all'autocommiserazione, sono timide e scettiche. Tutto ciò, purtroppo, agirà contro di loro in tutte le relazioni come un taglierino che scava nel legno. E sai qual è il motivo principale? Negli altri, vedranno sempre l'immagine del genitore abusante. Avendo vissuto manipolazioni ed abusi per gran parte della loro vita, specialmente quindi nel processo di formazione del carattere, sarà molto difficile riuscire a farsi rispettare nei rapporti con gli altri. Hanno maturato una scarsa percezione di sé stessi dovuta a costrizioni, negazioni ed abusi che si manifesta sempre in sentimenti di umiliazione, vergogna ed imbarazzo.

Scetticismo ed ingenuità

Una persona cresciuta da una mamma narcisista può sviluppare una sfiducia irrazionale nei confronti degli altri o può essere facilmente ingannata e sfruttata. Nessuna di queste caratteristiche, ovviamente, è un ingrediente salutare per un rapporto di coppia. Educata sotto la guida non invidiabile del genitore narcisista ha visto i suoi sentimenti traditi ed i suoi bisogni emotivi non soddisfatti.

Avendo percepito ed introiettato dentro di sé il messaggio di essere una persona terribile e stupida, non può assolutamente esser colpevolizzata se non crede a chi le dice che è molto bella o brillante. Sarà una persona di base scettica ed allergica alle parole troppo buone.

In rari casi, potrà addirittura trovare offensive alcune dichiarazioni di apprezzamento perché mossa dal presupposto di esser ingannata o manipolata.

Al contrario, alcuni figli potrebbero crescere con un patologico desiderio di lodi ed ammirazione ed accogliere a braccia aperte qualsiasi gesto di apprezzamento.

Ricordati che siamo tutti diversi. E per questo il modo in cui rispondiamo alle situazioni differisce. Due bambini potrebbero essere cresciuti da una mamma narcisista e finire per comportarsi diversamente. Uno potrebbe essere molto scettico sull'approvazione della gente mentre l'altro potrebbe bramarla. Ma entrambe le posizioni non sono espressione di un individuo sano perché lo rendono vulnerabile in egual misura.

Molti figli di genitori narcisisti avranno sempre bisogno di una convalida per sentirsi bene. Essendogli stati negati cura ed attenzione, essendo stati chiamati nei modi più terribili, essendo stati offesi e soffocati mentre venivano paragonati alle cose più vili, non potranno mai esser incolpati di qualcosa. Anzi, andrebbero premiati per la loro grande forza! Sono riusciti a sopravvivere a tutto questo, sono persone meravigliose che meritano, come tutti, di cominciare a respirare aria fresca ed esser trattati con le giuste parole.

Infine, va assolutamente sottolineato che l'eventuale disperazione di essere amati, lodati e compresi che spesso alberga in figli adulti di genitori abusanti, può avere i suoi effetti collaterali. Il bisogno potrebbe renderli troppo aperti e prevedibili. E quando qualcuno è troppo trasparente e prevedibile, verrà ingannato e sfruttato. Bisogna, come in tutto, avere il giusto equilibrio. Fidarsi troppo non va bene. Ci sarà sempre qualcuno pronto a speculare su questa debolezza. Chiudersi a riccio nemmeno perché si finisce per non vivere.

Cattive relazioni sociali

Poiché gli effetti orribili del narcisismo si sviluppano durante la relazione madre-figlio, non deve sorprenderci che i bambini cresciuti da madri narcisiste abbiano scarse abilità sociali. Una casa è come un tempio, un luogo di conoscenza dove la madre è la prima insegnante di un bambino. Di conseguenza, con un genitore narcisista è del tutto normale che il figlio interiorizzi alcuni tratti del carattere genitoriale che in seguito influenzeranno le sue relazioni sociali.

Un bambino del genere, nei rapporti con gli altri, potrebbe inconsapevolmente mostrarsi troppo esigente, ipersensibile, condiscendente, insensibile, ecc. Le azioni, dicono, spesso segnano più delle parole sebbene anche quest'ultime possono essere devastanti. Ciò è assolutamente vero quando si tratta di crescita e sviluppo di un bambino. Ed anche se qualcuno in qualche modo riesce a fuggire, assorbendo comunque alcuni tratti narcisistici di un genitore narcisista, potrebbe non essere in grado di evitare di percepire gli altri in modo distorto. Potrebbe, ad esempio, essere troppo riservato nelle relazioni; potrebbe non essere in grado di cominciare una conversazione o di mantenerne un'altra. Questi sono tutti spoiler relazionali che possono identificare in un adulto un conflitto irrisolto con un genitore.

Molti figli adulti di mamme narcisiste vivono ancora nell'ombra di sé stessi pur essendo ormai lontani dalle loro mamme. E questo è un peccato. Probabilmente, non hanno ancora trovato l'aiuto di cui hanno bisogno; oppure molti di loro non ne hanno ancora preso consapevolezza.

È interessante notare che molti di coloro i quali si sono confidati con me, vivono addirittura in altri continenti. Questo però spesso non basta per tenere a distanza una mamma narcisista. Non fraintendetemi, consiglio sempre di mantenere un certo distacco! Ma quello che voglio sottolineare, è che mantenere una distanza mentre però la mente è ancora terribilmente ancorata al passato non è propedeutico ai fini di un recupero da un abuso. E di conseguenza, fin quando non si decide di affrontare il problema alla radice, si vivrà male. In certi casi anche in stato di isolamento indotto e non volontario o depressione.

Disordine post-traumatico da stress

Qui, cerchiamo di far emergere delle differenze.

Mentre alcuni riescono a riprendersi dall'esperienza orribile che hanno vissuto durante la loro infanzia, altri non sono in grado di farlo completamente. I traumi che hanno patito continuano a lavorare nelle loro menti ed ogni volta che ciò accade soffrono. Sia individualmente che nei rapporti con gli altri.

Qualsiasi cosa, ogni piccola circostanza può infatti scatenare quei brutti ricordi facendo emergere una forte aggressività verso gli altri. Siano essi un partner, un bambino, un amico, un collega di lavoro o persino uno sconosciuto. La persona in oggetto può scoprirsi improvvisamente in preda alla collera ed incapace di gestire la rabbia mentre riversa parole offensive nei confronti degli altri. Questi schemi sono estremamente invalidanti.

Una persona del genere può finire per odiare la propria madre o il proprio padre ed addirittura arrivare a disprezzare tutte le donne o tutti gli uomini. Un simile stato mentale richiede attenzione immediata. Una persona che si rende conto di avere manifestazioni di questo tipo dovrebbe immediatamente cercare un aiuto professionale.

Generalmente, coloro che soffrono di DPTS, per sopravvivere, cercheranno di negare sempre la realtà. Ma ciò non risolve il problema. Far finta di nulla è molto rischioso

Quindi, se ti stai identificando, ed il fatto che tu stia leggendo questo libro è un eccellente indizio del seme della consapevolezza, ti consiglio di cominciare a prendere in considerazione l'idea di affrontare le tue paure una volta per tutte. So che non è facile. Ma è un passo enormemente importante da compiere.

Stili genitoriali

Come indica il titolo, il mio focus, al momento, è sul rapporto tra una madre e un bambino. Ma, come avrai capito dal mio scrivere, le informazioni sono utili anche relativamente ad una relazione padre-figlia e padre-figlio.

Ogni figlia vorrebbe avere un rapporto amorevole e bello con la propria madre. E, sinceramente, devo ancora conoscere una mamma che vorrebbe il contrario.

Sfortunatamente, è più facile a desiderarsi che a concretizzarlo. Dopotutto, sai cosa dice un famoso proverbio? Se i desideri fossero cavalli, i mendicanti cavalcherebbero.

Le relazioni umane, in generale, possono essere molto complicate, specialmente quelle familiari. Il motivo risiede nel fatto che sono coinvolti più individui. Ogni individuo è una persona a sé, con i suoi desideri, le sue idee, i suoi obiettivi ed il suo carattere. E, di conseguenza, ogni relazione non è mai una cosa sola. Una relazione è fatta da due persone. Due persone hanno ragionamenti, simpatie, antipatie, desideri ed aspettative diverse. Mia cara lettrice, o lettore, questa è la ragione principale per cui le relazioni sono spesso così complicate. Ovviamente tutto è gestibile ma nel caso di relazioni disfunzionali bisogna lavorarci su parecchio qualora il disturbo non sia drasticamente marcato. In ogni caso puoi lavorare tanto e bene su di te. E comunque non credere, non è che ci siano in giro così tante relazioni eccellenti. Le favole non esistono. Una relazione sana può darti tanto, tantissimo ma sarà pur sempre il prodotto di qualche piccolo e necessario compromesso.

Adesso, non lasciarti ingannare però! Perché se è vero che molte relazioni madre-figlia sono irrimediabilmente danneggiate e molte altre sono sull'orlo della dissoluzione ne esistono ancora di altrettanto buone ed altre che possono essere **aggiustate**.

In altre parole, tutti noi abbiamo difetti, debolezze e carenze ma è il modo in cui gestiamo il tutto a fare la differenza. Ci sono sicuramente dei passi da fare per avere un eccellente rapporto madre-figlia e lo stesso tipo di steps possono esser applicati anche ad altri tipi di relazione. Ovviamente, non mi nascondo dal dire che, questi processi, questi passi da dover rispettare, sarebbe meglio che venissero "rispettati" durante l'infanzia. Pertanto, potrebbero, ma non sempre è così, almeno non per tutti, non essere validi per una relazione genitoriale già fortemente compromessa. Tuttavia, possono aiutare coloro i quali si trovano alla deriva dopo un mare in tempesta. E li affronteremo più avanti...

Responsabilità

Se due persone in qualsiasi tipo di relazione fanno ognuno la propria parte, comportandosi correttamente e nel rispetto dell'altro, il rapporto andrà bene. In una relazione madre-figlio, sia la madre che il bambino hanno determinati ruoli per dar luogo ad un'interazione nella quale ognuno dei due ha obblighi e doveri nei confronti dell'altro. Se uno dei due non riesce a gestire bene il proprio ruolo, l'altra persona sopporterà per un po' di tempo la pressione ma con il tempo proverà stress e disagio.

Lo stile ideale di genitorialità dovrebbe coinvolgere sia la madre che il bambino a svolgere il proprio dovere con ardore. La madre deve soddisfare i bisogni fisici ed emotivi del figlio cercando di evitare di trascurare le sue esigenze. Ma, allo stesso tempo, non deve nemmeno esagerare. Come ho scritto in precedenza, l'eccessiva indulgenza è un atto irresponsabile che qualsiasi madre dovrebbe evitare di compiere. È sicuramente sincero ma ugualmente poco giusto.

Una madre responsabile presta attenzione alla sua ragazza e la ascolta attentamente. Soddisfa i suoi bisogni e le insegna quotidianamente a comportarsi. La educa, la abbraccia, le dice spesso "ti voglio bene" e la incoraggia nelle proprie passioni. Sarà poi responsabilità della figlia obbedire a sua madre ed aiutarla ad andare avanti nei suoi intendimenti. Una relazione di questo tipo sarà più facile da gestire se le persone coinvolte svolgeranno correttamente i loro compiti.

Confini sani e rispetto reciproco

Madre e figlio dovrebbero rispettare reciprocamente i loro confini. Cosa è accettabile da parte dell'uno e cosa non lo è e viceversa. Questo è molto importante. La madre dovrebbe sapere che il proprio figlio è un individuo, anche se l'ha partorito. Ed il figlio dovrebbe capire che è importante rispettare l'individualità di sua madre.

È altresì essenziale il rispetto reciproco, come in ogni relazione. I conflitti saranno ridotti al minimo se madre e figlia rispetteranno reciprocamente i confini. Ad esempio, la madre non dovrebbe entrare nella stanza della figlia se a lei non piace. E la figlia non dovrebbe sgattaiolare fuori casa senza dirlo a sua madre. Così, il bambino si sentirà sicuro se sua madre rispetterà i suoi spazi e la madre, altrettanto, sarà felice se suo figlio apprezzerà le sue istruzioni.

L'idea di stabilire limiti aiuta l'autostima delle persone coinvolte nella relazione e contribuisce a mantenere il legame più solido. Definire i confini, inoltre, aiuterà anche madre e figlio a conoscersi meglio. Questo non lascerà spazio a situazioni provocatorie.

Flessibilità e compromesso

Ogni rapporto sano ha come presupposto la disponibilità di due o più persone a scendere a compromessi. Nel caso di una relazione genitoriale, ma come anche succede in una relazione romantica, amicale o lavorativa, se uno dei due genitori non è incline a rispettare questa disponibilità, allora ci saranno sicuramente problemi. Nessuno sa tutto, nessuno di noi è talmente perfetto da poter dominare completamente un altro sul presupposto di fare il suo bene. NESSUNO! Nemmeno una madre. Una mamma non dovrebbe assolutamente voler fare sempre a modo suo. Anzi, qualche volta, intenzionalmente, dovrebbe cedere terreno al bambino per aiutarlo a sviluppare la sua riservatezza.

Ad esempio, invece di negare sempre apertamente le richieste del figlio, dovrebbe imparare a fargli capire quali sono le ragioni per le quali, ogni tanto, sembra essere in disaccordo. Magari i tempi non sono giusti; oppure i soldi in un determinato momento sono pochi. Ciò che conta è il dialogo, dare la possibilità al figlio di comprendere il momento e dargli modo di rispondere. La negazione come assoluta forma di dominanza è sbagliata a prescindere. Ed è sicuramente un comportamento disfunzionale.

Coinvolgere una figlia in una conversazione di questo tipo renderà il legame assai più forte. Dall'altro lato, anche il figlio non può averla sempre vinta. Deve imparare ad essere flessibile e accontentarsi. Così vengono mantenute le relazioni sane. Umiltà, fermezza e capacità di ascolto sono requisiti fondamentali.

Accettazione delle differenze

Affinché una relazione madre-figlio possa prosperare, entrambi dovranno essere consapevoli che non esistono due individui uguali. Persino gemelli somaticamente identici hanno potenzialmente tratti caratteriali differenti. Uno dei ruoli principali di un genitore dovrebbe esser quello di capire ed apprezzare che i suoi figli sono diversi da lui. E quindi, indipendentemente dalla somiglianza avranno le loro differenze.

Quando, purtroppo, le somiglianze superano le differenze ma quelle poche differenze non vengono accettate dal genitore allora possono nascere guai seri. Per alcuni genitori, può essere difficile accettare che i loro figli non condividano le loro stesse passioni. E allora che fanno? Impongono, obbligano, puniscono. Questi comportamenti derivano fondamentalmente dall'idea del genitore di considerare il figlio non come un individuo a sé con i propri desideri, le proprie idee ed i propri sentimenti ma bensì come una sua estensione. Semplificando, in un gioco di proiezioni, il genitore abusante riesce a sopravvivere solo attraverso il figlio. Ma le differenze sono destinate ad esserci perché i nostri sentimenti mutano continuamente, soprattutto durante lo sviluppo. E mutano per quell'innata predisposizione allo **sperimentare** che abbiamo dalla nascita. Uccidere questo istinto in un bambino, dovrebbe esser considerato un crimine.

Non abbiamo tutti gli stessi occhi! Di conseguenza vediamo un po' tutti il mondo in modo diverso. Prima capiamo questo, meglio sarà per le nostre relazioni.

In conclusione, madre e figlio devono accettare e rispettare le loro differenze. Se ci fai caso, e questo posso dirtelo con assoluta certezza, ogni relazione madre-figlio danneggiata si fonda proprio sulla mancata e reciproca accettazione delle altrui differenze.

Accessibilità

Un altro dei motivi fallaci di una relazione tra madre e figlio è l'inaccessibilità del genitore. Se la madre si pone sempre su di un piedistallo rendendo difficoltoso il confronto, la relazione sarà destinata a morire.

La madre dovrebbe essere sempre disponibile per un figlio, specialmente durante l'infanzia. È necessario.

Sfortunatamente questa caratteristica manca a molte madri. E molte lo realizzano solo quando è troppo tardi.

Conosco una persona, che chiamerò Andrea, che non riesce affatto a relazionarsi bene con sua madre. Andrea era sempre triste per il fatto di tornare a casa in occasione delle pause durante il periodo di college. Anzi, non vedeva l'ora di laurearsi per essere così definitivamente libero da sua madre. Andrea, oggi, è amareggiato, triste, sconfortato perché sua madre non l'ha mai ascoltato se non a seguito di sue ripetute istanze. Non ha mai avuto tempo per lui e non si è mai preoccupata di soddisfare i suoi bisogni. E questo sin dall'infanzia.

Ora lui è sposato, sta cercando in qualche modo di andare d'accordo con la mamma ma non ci riesce pienamente. Mi confida spesso questo suo desiderio ma allo stesso tempo, quando prova a realizzarlo, si sente in imbarazzo. È un'esperienza cui non è abituato. E di certo io non lo biasimo.

Molte relazioni madre-figlio sono come quelle di Andrea. Figlie o figli ormai così abituati ad una vita senza una vera presenza delle loro mamme che poi, riuscire intimamente a sentirle e vederle, diventa molto difficile.

Per evitare tutto questo è necessario che i genitori siano sempre disponibili ed amichevoli con i loro figli. C'è un posto per la disciplina ed uno per l'amicizia. E come in ogni cosa, ci vuole equilibrio.

Autocontrollo

Ognuno di noi ha bisogno di esercitare l'autocontrollo, siamo tutti individui con sé diversi. Padroneggiare questa abilità, perché secondo me di abilità si tratta, è molto importante. Ne abbiamo bisogno perché siamo esseri emotivi e razionali. Di conseguenza abbiamo emozioni e prendiamo decisioni. E dal momento che prendiamo decisioni continuamente, è indispensabile avere il controllo sui nostri sentimenti in modo da non prendere decisioni affrettate in un determinato momento.

Genitori e figli devono esercitare sempre l'autocontrollo durante la loro relazione. Devono imparare a controllare le proprie emozioni per evitare di dire parole terribili o di agire in modo scriteriato. Le parole sono armi verbali di distruzione di massa; possono distruggere una relazione per sempre.

L'autocontrollo è la capacità di disciplinarti dallo sputare parole verbalmente violente e di mantenere i nervi ben saldi per astenerti dal compiere scatti di rabbia o azioni di cui potresti pentirti in seguito. La mancanza di autocontrollo ha rovinato molte relazioni ed è un problema che non dovrebbe essere assolutamente dato per scontato.

Il gaslighting e gli effetti sui figli adulti

Il fatto di preoccuparsi per i bambini cresciuti da genitori narcisisti è sicuramente dimostrazione di grande sensibilità. Come ho scritto in questo ed in altri miei libri, l'esperienza è terribile! Ed evitare di non pensare a questi bambini è per me cosa impossibile.

Ma altrettanto straziante è il rendersi conto del numero prolifico di adulti che stanno ancora attraversando il dolore di essere allevati da madri o padri narcisisti.

Pertanto, prima di completare questo capitolo, ho deciso di spiegare gli effetti del gaslighting sui figli adulti visto che ho divagato un po' ma, come premesso, l'ho fatto in ottica di un lavoro più ampio che vedrà la sua conclusione solo al termine della scrittura del sesto libro. Ritengo, quindi, che la corretta comprensione degli impatti di questo abuso narcisistico sugli adulti, ci aiuterà a comprendere meglio le difficoltà che i bambini subiscono durante la loro infanzia.

Ora, ricapitolando, possiamo ribadire che il gaslighting è l'atto di manipolare psicologicamente qualcuno nel farlo dubitare della sua sanità mentale, inducendolo a pensare di essere in colpa o comunque il motivo scatenante del problema. Mira a compromettere l'altrui percezione della realtà ed è lo strumento peggiore a diposizione di quelle persone che soffrono di DNP. Pertanto, le mamme narcisiste sottopongono i loro figli a questo tipo di abuso, inducendoli a pensare di essere il problema di tutto.

Il pericolo del gaslighting sta nel far sì che le sue vittime mescolino realtà ed immaginazione. Una mamma che incolpa continuamente il suo bambino per i suoi problemi lo manipolerà fino al punto di condizionarlo ad identificarsi sempre con qualcosa di negativo. Di conseguenza, il bambino crescerà credendo di essere il problema e portandosi sulle spalle il peso di una tremenda insicurezza.

Potrebbe scusarsi sempre, anche quando non è necessario; potrebbe pensare spesso di aver detto qualcosa che non avrebbe dovuto dire; potrebbe anche trovare scuse per coloro che commettono errori. Potrebbe fare questo e molto di più perché è stato abituato ad essere l'uovo marcio. È stato manipolato così tanto da perdere totalmente fiducia in sé stesso. Troverà difficile prendere decisioni autonomamente e senza chiedere il contributo di coloro che gli sono vicini.

Un'altra cosa che ho notato in coloro che si sono confidati con me è che spesso volevano che io convalidassi le loro decisioni. Erano felici quando dicevo loro che la scelta che avevano intrapreso era positiva.

La manipolazione mentale è un continuo scombussolamento emotivo ed i suoi impatti sulla psiche di chi ne è vittima possono essere devastanti, soprattutto nel lungo periodo. Coloro che hanno subito gaslighting per molto tempo, hanno un rischio maggiore di cadere di nuovo vittime di soggetti narcisisti. Possono essere abusati dal loro partner, dal loro capo, dai loro colleghi o persino dai loro amici. Chiunque ti conosca abbastanza può farti gaslighting. E se per te è un qualcosa di familiare perché ne sei stata vittima, allora potrebbe esser davvero facile agganciarti nuovamente.

Un genitore narcisista, ovviamente, conosce molto bene suo figlio. Conosce le aree in cui il bambino è vulnerabile e conosce quelle più difficili da attaccare. Ovviamente, la sua attenzione si focalizzerà sulle vulnerabilità. Potrebbe, ad esempio, ridicolizzare i suoi sentimenti rimproverandolo di non doversi sentire in quel determinato modo.

Potrebbe biasimarlo nel pensare che una qualche sua azione sia un atto di tradimento nei suoi confronti. Potrebbe mettere il bambino contro un altro soggetto della famiglia (padre, madre, fratello, ecc.) perché generalmente i narcisisti si sentono forti dove c'è divisione.

In sintesi, farà di tutto per rendere il bambino uno zombie. Il suo unico scopo sarà quello di stressare il bambino fino a quando non impazzisce perdendo la forza di pensare o protestare. Così, quella povera creatura, di riflesso ubbidirà ad ogni cosa perché ormai esausto. Quando accade questo, la volontà del bambino è ormai seriamente compromessa e serviranno cure professionali e sforzi personali piuttosto importanti per far si che la situazione, e di conseguenza le modalità comportamentali del bambino, ritornino sul giusto binario.

Molti **figli adulti** vivono la loro vita sotto una psiche ferita ed una volontà compromessa. Hanno perso la lotta molto tempo fa con i loro genitori narcisisti. Pertanto, vengono facilmente minacciati emotivamente dai loro partner, dai loro colleghi, dai loro capi, dai loro amici ed anche dai loro figli. Vengono minacciati da tutte quelle persone che scoprono la loro parte più bella. Ossia quella tenera debolezza e quella gigantesca sensibilità.

Sarà dunque facile abusarne per certi soggetti. In particolare, quelli che non si preoccupano mai dei sentimenti degli altri. A queste persone non importa di nulla se non di sé stessi. Sono maniaci del controllo e avidi di potere e dominio. E faranno di tutto per sopravvivere squartando e succhiando le ferite ancora sanguinanti di quelle persone che, per certi aspetti, sono le più belle del mondo.

Quindi non biasimarti amica mia. Perché ripartendo dalla tua sensibilità e dalla tua sofferenza, potrai far risplendere quella meravigliosa luce che hai dentro. E se veramente lo vorrai, arriverai ad esser migliore di molti e con una marcia in più. Fidati di me. E comincia a migliorarti. Ma se stai leggendo questo libro, sappi che sei a buon punto. Continua così...

Capitolo 7 – La prossima vittima del narcisista

C'è una tendenza piuttosto comune negli ex fornitori di droghe trastullanti e ricreative del narcisista (attenzione ed ammirazione) a voler maledire sempre sé stessi ed il modo in cui la relazione si è conclusa. A questo, spesso si affianca un ruminare continuo sull'eventuale nuova preda dell'aguzzino in oggetto. Questo non è insolito. Se ben ricordi, e se non hai letto gli altri miei libri sul narcisismo te lo dico io, la vittima crea un legame traumatico con il narcisista rendendo difficile il distacco emotivo quando lui/lei si allontana.

Per la vittima, è difficile accettare che le cose non siano mai state reali tra lei ed il narcisista. Così come è curioso supporre che la rottura sia stata causata dall'ingresso di una terza parte. Questo tipo di approccio non aiuta affatto.

Se quindi ti identifichi in questo vortice emozionale, hai bisogno di fissare nella tua testolina questo concetto: **ti sei innamorata di qualcuno che non esisteva. Non è colpa tua.** Se adesso questo vampiro energetico, o questa fattucchiera emotiva, è passato ad un'altra vittima è un problema suo e della nuova vittima, che comunque proprio come te non ha colpe, non è un problema tuo.

Nuova fornitura, stesso trattamento

Ovviamente non fraintendermi, ti capisco benissimo. Potrebbe essere allettante odiare il nuovo distributore energetico del narcisista! Ma piuttosto che sprecare il tuo tempo e la tua energia infilzando una quantità industriale di spille in altrettante bambole voodoo considera questo: lei soffrirà nello stesso modo in cui hai sofferto tu.

Riprenderanno con il love-bombing da ogni angolazione. Idealizzeranno nuovamente e poi svaluteranno ancora. È così che interagisce il narcisista. Non è colpa della nuova vittima se è stata scelta. Proprio come non è stata colpa tua se lui ti ha abbandonato.

Il vampiro emotivo ha bisogno di scorte infinite per aver sempre modo di attingere. Ha bisogno di una notevole quantità di legami con persone che può usare a proprio comodo e che si fanno usare. Persone gentili, compassionevoli, affidabili, uniche ed influenti. Persone sulle quali lui può affondare i suoi denti appuntiti e succhiargli l'anima.

Un insaziabile bisogno

Il narcisista non ne ha mai abbastanza di essere al centro dell'attenzione. Ora, sicuramente, penserai di avergli dato tutto il tuo amore, di esserti presa cura di lui come nessuna, di averlo reso il centro del tuo mondo ma ti chiedi: perché diavolo ti ha lasciata sola come un cane?

Mia cara lettrice, o mio caro lettore, tutto questo non riguarda te. E non si tratta nemmeno della prossima vittima o di tutte le altre che lo sono state prima di te. Il fatto è che i bisogni del narcisista sono così forti, così insaziabili, che soddisfarli con una sola fonte non è e non sarà mai abbastanza per lui. Non importa quanto tu lo ami. A lui questo non basterà mai. Non biasimarti per questo.

Verso la prossima vittima

In linea di massima, quando si incontra un narcisista, tutto sembra bellissimo. Lo trovi irresistibile, disponibile, vicino, premuroso e sincero. Addirittura, sovente, lui comincerà a parlarti della sua ex come una specie di mostro che gli ha frantumato il cuore in milioni di pezzi, che gli ha mentito, che lo ha trattato come uno straccio e che lo ha anche tradito. Ti racconterà di aver fatto tutto il possibile per lui e di esser stato ripagato con dolore e sofferenza. E guarda caso, ora che ha incontrato te si sente rinato.

Beh, sai che c'è? Sono tutte stronzate! Non è successo nulla di tutto questo. Anzi, sicuramente tutte le cose vili che ti descrive sono niente di meno che quello che lui ha fatto a lei.

Ma riprendiamo! Dicevamo, lo trovi sorprendente, ti sembra un sogno; pensi di non aver mai incontrato nessuno come lui. Ti senti adorata e lo gridi forte. Ti senti desiderata come mai e pensi "finalmente è arrivato"…e magari non è nemmeno la prima volta. È così giusto?

Ed all'improvviso, dopo un breve periodo, forse un mese o poco più, ed è questa la cosa strana, ti dice che è follemente innamorato di te.

Certo, ti conosce da così poco ma cavolo devi credergli no? Non lo senti quanto ti ama? Non avverti quel legame magico che entrambi condividete? Lui ti racconta delle sue pene d'amore, della sua angoscia con la sua ex e di quanto ha dovuto sopportare. Ti confida di esser arrivato ad un passo dal baratro e che stava per rinunciare all'amore. Ma poi, sei arrivata tu. Ed ora, per la prima volta in vita sua, sente finalmente di amare davvero. E cacchio, ti chiede anche di sposarlo e di dargli un figlio. Anzi no, magari due. Un ragazzo ed una ragazza. O perché no TRE. Boooom!!!

Vivrete in periferia in una bella casa con giardino ed una meravigliosa staccionata bianca. Sarà perfetto. E Finalmente! Lui ha trovato qualcuno che può davvero amarla. Qualcuno che non lo tradirà mai, che non lo abbandonerà dice. Ma attenzione cara lettrice, impara a leggere tra le righe. Questa è una sottile manipolazione. Quello che ti sta dicendo è che se te ne vai, sarà per lui un atto di tradimento da parte tua. E tu sei la persona giusta a cui dirlo. Quindi, prenderai nota mentalmente di non lasciarlo mai. Insomma, ti sta preparando per essere la vittima perfetta e fedele.

Comincia piano piano a guadagnare potere. Comincia ad avere il controllo. Adesso è pronto a sottolineare che i tuoi amici e la tua famiglia non ti valorizzano. Non vanno bene. Tutto quello che fanno è usarti per i loro comodi. Continua affermando che la tua famiglia non ti capisce mai e che tu non lo devi accettare. Ti farà intuire di capire di cosa hai bisogno ma non te lo darà. Proverà a convincerti di allontanarti da quegli sfigati di amici che ti ritrovi perché potrai trovarne altri di migliori (tanto poi svaluterà anche quelli).

Ma la realtà di tutto questo sai qual è? Che lui è solo preoccupato che tu possa scappare da un momento all'altro. Proprio come ha fatto la sua ex ti dice. E tu cosa percepisci da tutto questo? L'insegnamento di non voler essere come la sua ex. E magari allontanerai i tuoi amici per dimostrargli che sei una donna leale.

Cominci a renderti conto che gli piacciono un po' troppo i drinks e che li beve troppo spesso. Glielo fai notare e lui, stizzito, ti rimprovera. Figurati, non c'è niente di cui preoccuparsi, sei esagerata. Lui ha tutto sotto controllo e può smettere quando vuole.

Potrebbe anche avere una o due droghe con le quali gli piace evadere un momento ti dice. Tu non ti preoccupi, in fondo sta bene e si concede qualche vizio solo quando ha problemi di insonnia o è stressato. Ma è sempre stressato comincia a dirti la tua vocina guida? Tu però non l'ascolti. Lui ti ama e pensa pure che tu sia dolcissima ad essere così preoccupata. O meglio, sei tu a pensare che lui lo pensi davvero.

Se poi ti dovesse capitare di scoprire un flirt tra il "tuo" narcisista e qualcun'altra, per favore, renditi conto che non è colpa sua. È lei ad averlo importunato. Lui le ha dato corda perché è educato giusto?

Oppure, quando tu non hai voglia di fare sesso e lui decide comunque di insistere non sta abusando di te capisci? Sei così dannatamente bella! Come può tenere le mani a posto? Non importa se tu non ne hai voglia. Lui ti adora, ti desidera, ti brama. E tu dovresti esserne fiera.

Quando poi comincerà a svalutarti farà in modo di farti credere che lo sta facendo per il tuo bene. Ma, in fondo, ti sta semplicemente **ammaestrando**.

Il narcisista ti convincerà che non farà o non dirà mai nulla per farti stare male. Ogni volta che lo fa, però, se ne lava le mani. Non gli viene assolutamente in mente che tu potresti essere "sensibile" a determinate cose. Cercherà di farti credere che il dolore che ti causa è per il tuo bene. È così che ti prepara ad accettare i suoi comportamenti. Per lui, ferirti, è la cosa giusta da fare.

Non è mai colpa sua. Abusa di te ma allo stesso tempo ti invia messaggi di speranza relativi ad un suo imminente cambiamento per ottenere in cambio la tua completa obbedienza. Tu continuerai a provare e continuerai a fallire. E la relazione continuerà a peggiorare. Alla fine, ti convincerai anche che l'amore, in fondo è dolore.

Quando poi, in ultimo, ti scarterà, di te non rimarrà che un guscio rotto ed ormai vuoto.
Questo è il suo schema. Che in un determinato momento dentro questo schema ci sia tu od un'altra persona poco importa. Lui fa così con tutti. È la sua natura. Ed è ora di cominciare a prenderne seriamente atto.

Le bugie le conosciamo sin dalla nostra infanzia. Noi stessi le abbiamo dette. Quindi fin qui, niente di nuovo.

Le bugie arrivano da ogni dove! Arrivano da amici, arrivano dai nostri genitori, arrivano dagli insegnati, arrivano dal mondo. Però, c'è una forma di menzogna diversa da tutte le altre e che non è familiare a tutti: l'inganno nascosto.

L'inganno nascosto è semplicemente una grande menzogna orchestrata per preservare una certa immagine e, allo stesso tempo, negare alla vittima la realtà di ciò che sta veramente accadendo. Nell'inganno nascosto, non solo si fa in modo che qualcuno faccia quello che qualcun altro desidera, ma lo si fa anche "eccitare". Quindi, a differenza della bugia semplice, nell'inganno nascosto, ci sono buone probabilità che colui al quale esso è indirizzato non lo scoprirà facilmente.

È un meccanismo, o forma di manipolazione, molto sottile, quindi cerca di fare molta attenzione a quello che sto per dirti.

L'inganno nascosto non è un'arma da tirare fuori in ogni situazione. Generalmente, il motivo principale per il quale si attua questa tattica, è la conservazione delle risorse. Ad esempio, potresti avere a che fare con qualcuno che non ha il senso dei soldi o, più tecnicamente, delle finanze. Di conseguenza le loro emozioni non saranno governate. In questo caso, un inganno nascosto potrebbe esser sufficiente a travisare lo stato attuale delle risorse per perseguire il fine di aiutare l'indisciplinato di turno a controllarsi controllandolo tu stesso in primis.

L'inganno nascosto potrebbe, altresì, esser utilizzato in quei casi in cui si vuole sfuggire ad una punizione. Come esseri umani, facciamo spesso del nostro meglio per scappare dal dolore, cercando sempre strade alternative per arrivare al piacere. Qui, l'inganno nascosto, potrebbe essere quello strumento attraverso il quale si manipolano fatti e cose in modo da non subire il dolore della punizione.

Ora, naturalmente e qui vengono le note dolenti, questo strumento può essere utilizzato anche nelle relazioni. Come saprai le relazioni umane sono spesso caratterizzate da tensioni di vario tipo. E, che ci piaccia o no, la verità può anche sabotare una relazione invece di rafforzarla. Così, ci si ritrova in situazioni nelle quali l'inganno nascosto può benissimo salvare il legame.

Inoltre, quando ci si trova di fronte alla possibilità di perdere la faccia quale altra occasione più ghiotta per schiudere il meraviglioso scrigno dell'inganno nascosto?

Naturalmente, spetta sempre all'individuo scegliere come applicarlo ma è comunque un'abilità e comunque l'uso illegale di esso potrebbe metterlo nei guai.

Vediamo ora alcune forme di inganno nascosto di cui, come avrai capito, un narcisista fa spesso uso per fini manipolatori.

Fraintendimenti

Una delle forme più diffuse di inganno nascosto è l'interpretazione errata dei fatti. Difatti il fraintendimento può anche essere l'atto intenzionale di trascurare i fatti reali inventandone di alternativi in uno spirito molto più naturale ed autentico. Interpretare

intenzionalmente male i fatti, significa esser consapevoli degli eventi ed usare un po' di immaginazione e creatività per rendere credibili quelli alternativi.

Occultamento

È l'atto di omettere fatti essenziali e specifici al destinatario del messaggio finale. In questo modo, si nega all'altra persona la possibilità di considerare tutte le circostanze, incoraggiandola a piegarsi alla tua volontà. Comprende anche il coinvolgimento in azioni che nascondono informazioni rilevanti, dando così la possibilità di manipolare altre persone.

Minimizzare

Questo è un altro aspetto dell'inganno nascosto che si concretizza quando si da una voce debole alla verità. Quando si usa un tono piuttosto forte e marcato per far passare un messaggio, la parola diventa ferma. Se, al contrario a farlo è una flebile voce, il messaggio in qualche modo si perde. Minimizzare la verità significa ignorare la realtà per gran parte della discussione.

Superare in astuzia le altre persone

Che ti piaccia o no, la vita è comunque una competizione. Sei in gioco dapprima con te stesso e poi con tutti gli altri. E che si tratti di argomenti, credenze o gusti, sarai sempre confrontato/a ad altre persone. Per avere successo nella manipolazione, devi avere la propensione a sconfiggere, ed in alcuni casi umiliare gli altri, altrimenti sbatterai sempre su di un muro di gomma. Pensaci bene, non hai mai sentito dire che il narcisista è un muro di gomma? Ecco, lui è un maestro della manipolazione, nella sua peggior forma.

Di seguito riporterò alcuni suggerimenti essenziali per aiutarti a superare in astuzia le persone. Ovviamente ciò è fatto a scopo divulgativo, non prenderlo troppo seriamente. Ricordi cosa ho scritto sopra? Lo faccio per farti calare meglio nella parte al fine di farti assimilare alcuni fra i principali meccanismi attraverso i quali il narcisista fa gaslighting e manipola.

Essere sempre pronti

Non commettere mai l'errore di presentarti davanti a qualcun altro se non sei preparata ad affrontare la conversazione. Assicurati sempre di conoscerne il contesto ed i motivi, capire bene con chi hai a che fare e di sapere cosa vorrebbe ottenere dalla conversazione rispetto a ciò che sei disposto a dare tu. Preparandoti, avrai l'opportunità di mantenere il potere e di portare la conversazione a tuo vantaggio. Quando non sei pronto, invece, potresti partire svantaggiata e finire per essere sfruttata.

Conoscere bene l'altra persona

Prima di decidere di manipolare qualcuno devi avere una profonda comprensione di chi è. Significa che devi scoprire le sue principali posizioni su determinati aspetti di vita e devi scoprire i suoi successi, le sue debolezze ed i suoi fallimenti. Quando conoscerai bene l'altra persona avrai familiarità con il suo modo di ragionare e tutto ciò che lui dirà non ti prenderà alla sprovvista. Sforzandoti di studiare l'altra persona sarai in grado di capire cosa gli sta a cuore e cosa no. Questo ti darà potere e potrai manipolare.

Rimanere calmi

Discutendo con un'altra persona la conversazione potrebbe cominciare ad inasprirsi. L'interlocutore potrebbe diventare sgradevole e farti alterare. Quindi, anche se la tentazione di sopraffare l'altro potrebbe essere forte, non perdere la calma, sforzati di essere tu quella ferma, così facendo lo metterai in agitazione e potrebbe crollare. Quando sei calma, invece, invii il messaggio di avere le tue emozioni sotto controllo e di aver capito tutto. Quando, poi, si sarà calmato, sarà più propenso alla discussione. Se perdi la calma concedi il potere all'interlocutore con la conseguenza che avere una conversazione idonea al tuo scopo diventerà difficile. Mostrarsi tranquilli fa percepire all'altro un controllo sulle proprie emozioni ed un ego sano. Questo ti renderà più simpatica.

Fare domande

Un'altra tattica per superare in astuzia l'altra persona è quella di arrivare alla conversazione con un arsenale di domande. Non devono essere domande scontate su cose ordinarie. Dovranno essere domande capziose che faranno alzare le sopracciglia al tuo interlocutore e lo faranno riflettere un po' prima di dare una risposta.

Inoltre, è essenziale fare domande ad intensità crescente in modo che la domanda successiva sia più difficile dell'ultima. È così che potrai distruggere la loro voglia di avere chiarezza. Una volta che si saranno arresi, tu proporrai loro di essere la soluzione e loro accetteranno volentieri.

Fare brainwashing (lavaggio del cervello)

Quando si parla di lavaggio del cervello, la prima cosa che viene in mente è la politica. I politici sono pagati per fare il lavaggio del cervello alle masse. Pensaci. Ogni persona ha una serie di convinzioni che ha acquisito nel corso della sua vita. Ma poi ecco che arriva un politico che vuole portare avanti le proprie idee, le masse non le condividono e persuaderle a rinunciare alle loro convinzioni non funzionerebbe. Così, ricorrono a tattiche di lavaggio del cervello che funzionano sempre. I politici sono eccellenti manipolatori.

Se le tue capacità di persuasione non riescono a convincere qualcun altro ad abbandonare le proprie convinzioni e ad accettare la tua proposta, allora potresti anche prendere in considerazione l'dea di fargli un bel lavaggio del cervello.

Generalmente, il lavaggio del cervello avviene gradualmente, attraverso un processo che si concretizza in steps. Vediamoli:

1. Scegliere un obiettivo

Ovviamente, dovrai sapere esattamente a chi ti rivolgi. A seconda del tuo piano, alcune persone potranno essere ottimi candidati ed altre meno. Dovrai quindi dedicare un po' di tempo all'analisi del tuo obiettivo in modo da avere una piena comprensione di come è la persona e di cosa pensa. Non mirare solo a fare il lavaggio del cervello. Senza preparazione potrebbe essere una sfida troppo grande che potrebbe generare anche imbarazzo.

2. Offrigli qualcosa che lui vuole

Il vantaggio di studiare attentamente qualcuno prima di prenderlo definitivamente di mira è quello di acquisire informazioni su ciò che gli piace e ciò che non gli piace. In sintesi, dovrai diventare consapevole dei suoi bisogni e dei suoi desideri. Ciò ti consentirà di sapere cosa poter offrire e come entusiasmarlo. Dovrà essere qualcosa che ha sempre desiderato o qualcosa che ha enormemente immaginato. Il concetto base è che quando offrirai loro qualcosa che sarà in linea con i loro desideri e bisogni, si attaccheranno immediatamente ad essa e a chi gliel'ha offerta. Questo è il love-bombing del narcisista

3. Fallo sentire speciale

Siamo miliardi di esseri umani su questo pianeta. Un modo per ottenere l'approvazione di qualcuno è quello di riservargli un trattamento speciale. Questo è un passaggio essenziale nella manipolazione perché gli fa letteralmente abbassare la guardia. Lo metterai in una posizione passiva nella quale lui vorrà sapere di più su di te. Ed una volta che avrai capito che ha un atteggiamento positivo nei tuoi confronti, potrai gettare ottime basi per un eccellente manipolazione.

4. Crea dei vincoli

A questo punto, introdurrai le tue condizioni in modo che possano avere vantaggi nel continuare a godere del tuo trattamento speciale. Dovrai stare attenta a come esprimi le tue circostanze e a come ti esponi, questo dirà molto. Comunque, in generale, poiché saranno entusiasti delle tue attenzioni, sarà molto più probabile che acconsentiranno su tutto e tu avrai una solida base su cui costruire la tua fortezza inespugnabile.

Che ne pensi cara lettrice o lettore? Non ti ricorda qualcuno?

Ma andiamo avanti e vediamo adesso gli elementi che ti renderanno molto facile manipolare gli altri.

Isolamento

Prima di tutto, il tuo obiettivo dovrà essere solo come un cane. Quando gli individui sono soli, non possono essere influenzati da altre persone e non potranno dubitare visto che non hanno intorno "angeli custodi". Bisognerà quindi pianificare tutto in modo da preparare il territorio dove potrai scaricare tutto il tuo arsenale manipolatorio. Ricorda che gli esseri umani sono creature sociali profondamente consapevoli del loro ambiente. Dovrai quindi convogliare la tua vittima in un contesto che sia libero dall'influenza di altre persone.

Sfidare la loro autostima

Non esitare a fargli capire che stai testando la sua autostima. Ogni persona desidera mostrarsi degna di ascolto e colma di valore. Questo significa che una volta sfidata la loro autostima, loro per naturale reazione vorranno mostrarti che ne hanno un sacco. Ovviamente questo dovrà essere fatto in modo intelligente di modo che non immaginino che tu stia cercando un'esca. Dovrebbe essere un qualcosa di estremamente naturale e non un test fatto all'improvviso per valutare il loro carattere.

Agevolare i contatti con persone sottoposte al medesimo lavaggio del cervello

Limitando la vittima ad avere contatti solo con altre persone sottoposte al medesimo lavaggio del cervello, garantisce che le dinamiche di pressione dei pari siano all'opera. Poiché tutti vorranno adattarsi, accetteranno le tue proposte. Mantenendo fecondo questo **gruppo di pari** si rafforzerà la mentalità del gregge e fare ciò che desideri sarà molto più facile (pensa alle scimmie volanti).

Noi contro di loro

Tieni presente che le persone vogliono diventare parte di qualcosa di più grande di loro. Introducendo il concetto del "noi contro loro" lo inviterai a prendere una posizione e difenderla strenuamente perché all'esterno ci sono e ci saranno sempre altri indegni pronti a rimpiazzarti. L'altro accetterà volentieri questa filosofia perché crederà di lottare per qualcosa di molto importante. Ma, invece, a sua insaputa sta cadendo nella manipolazione.

Criticarlo

Potrai anche criticare la vittima per alcuni suoi comportamenti. La critica non dovrà esser isolata ma contestualizzata alla situazione. Pur non avendolo conosciuto bene potrai farlo sentire in colpa per le sue azioni passate. Criticandolo, lo condizionerai a cercare di ottenere la tua approvazione. Subito dopo le critiche, cerca di offrirgli immediatamente un'alternativa. Lo attirerai a te e lo coinvolgerai nell'imitarti.

Privarlo del sonno

Quando siamo stanchi non siamo in grado di prendere le giuste decisioni da soli e siamo fortemente suggestionabili. Approfittare della privazione del sonno della vittima e del suo esaurimento può facilitare la semina della manipolazione.

È un caso, secondo te, che molte vittime di narcisisti soffrono di insonnia?

Giocare con la mente

Un altro metodo per manipolare una persona in modo da ottenere vantaggi è giocare con la mente. Questa situazione è più comune nelle relazioni.

Alcuni dei modi per giocare ai giochi mentali sono i seguenti:

1. *Esser difficilmente impressionabile*

Quando hai una relazione, il tuo partner, di solito cercherà sempre di ottenere la tua approvazione e non si stancherà mai di fare cose carine per te. Tutto al fine di impressionarti. Ecco, non dovrai mostrarti come una persona facilmente impressionabile. Dovrai continuare ad apparire disinteressato fino all'ultimo e mostrare loro che non sei facilmente raggiungibile emotivamente. Questo stresserà il tuo partner e farà in modo che si impegni ancora di più nei suoi tentativi. Ovviamente, dovrai valutare le azioni e dosare adeguatamente le tue reazioni dimostrando, raramente, di essere rimasto colpito ed esserne perfino contento. Non cedere mai potrebbe far pensare al tuo partner di non esser più interessato alla relazione. Invece no, devi essere abile a tenerlo sempre in bilico, in gergo diciamo APPESO.

2. *Scaricare la colpa*

Un altro elemento del gioco mentale è l'abilità di non ammettere mai alcun torto. Questo significa che se dovesse venire fuori qualcosa, tu lo rigirerai sempre in modo che la colpa sia del tuo partner (o di qualcun altro). Dovrai metterti sempre nella posizione di non sbagliare mai. Non potrai mai apparire come la persona che ha fatto qualcosa di brutto. E dovrai essere creativo anche quando scaricherai la colpa su qualcun altro in modo da non sembrare irrispettoso. Dovrai avere una quantità industriale di rotoli di spiegazioni per scagionarti sempre e comunque perché una semplice e banale dichiarazione non sarà sufficiente per convincere il tuo partner.

3. *Proiettare*

Se esci e fai qualcosa che non viene visto di buon occhio, torna dal tuo partner e proietta su di lui le tue colpe. Ad esempio, se esci e vai a letto con qualcun altro, quando torni a casa accusa fermamente lui di aver dormito con qualcun altro. Quando si arrabbierà e ti accuserà di non aver a cuore la relazione spiegherai che non è così e che invece sei preoccupato per il fatto che la sua infedeltà possa distruggere il legame (forma di gaslighting all'ennesima potenza).

4. *Mandare segnali misti e contrastanti*

Non lasciare che il tuo partner sguazzi nel bagliore della tua piena approvazione. Dovrai continuamente dargli una ragione sufficiente attraverso la quale chiedersi se sei veramente interessato alla relazione o stai solo giocando con il suo cuore. Come? Un giorno ti comporterai come una persona completamente interessata, avvicinandoti a lui, magari coccolandolo e baciandolo senza mai perdere interesse ed il giorno dopo diventerai un autentico pezzo di ghiaccio.

Inviando segnali contrastanti, potrai controllare il tuo partner ed indurlo ad essere più concentrato sulle sue azioni per la paura di perderti. Assicurati però di fare tutto con un minimo di tempismo e logica. Altrimenti, anche qui, potrebbe pensare che hai voglia di sabotare la relazione.

5. *Colpevolizzare*

Se vuoi ottenere qualcosa dal tuo partner e lui si rifiuta non ti arrendere. Rendilo anzi colpevole per aver rifiutato la tua richiesta stimolando il suo senso di colpa relativamente alla stabilità della relazione. Facendo in modo che il tuo partner si senta in colpa lo metterai in modalità cagnolino e farà di tutto per riconquistare la tua approvazione. Tu, ovviamente, potrai manipolarlo ulteriormente.

6. *Non abbassare la guardia*

Un altro modo per manipolare il tuo partner è quello di trattenere i sentimenti. Ciò significa che ti rifiuterai di avvicinarti a lui a meno che non faccia quello che tu vuoi. Se non farà quello che tu chiedi, gli starai lontano. Considerando che l'affetto è fondamentale per il successo di una relazione, non passerà molto tempo prima che il tuo partner si rompa ed esaudisca i tuoi desideri.

7. *Testare i loro limiti*

Mettere alla prova la pazienza del tuo partner è un'altra forma di manipolazione piuttosto ficcante. Potresti cominciare a fargli dispetti bersagliandolo continuamente per vedere quanto tempo passa prima che perda la pazienza. Poi, una volta stabilito che il tuo partner ha un'elevata capacità di sopportazione allora sarai libera di comportarti come ti pare nella relazione considerando che sei in coppia con una persona che non si preoccupa di alcunchè (praticamente una pianta).

8. *Fare Gaslighting*

Ribadiamolo a titolo di cronaca. Il Gaslighting ha lo scopo di far dubitare l'altra persona sul proprio equilibrio mentale. Per essere un bravo gaslighter dovrai essere creativo. Dovrai inventare fatti alternativi alle circostanze e trovare un modo attraverso il quale convincere l'altra persona a pensare di avere qualcosa che non va. Più frequente e forte sarà il gaslighting, più indebolirai lo spirito del tuo partner, rendendolo così ulteriormente vulnerabile alle tue future tecniche di manipolazione.

9. *Argomentare continuamente*

Altra tattica manipolativa è quella di trovare continuamente argomenti. Assicurati quindi di trovare sempre da ridire sul tuo partner e di non rimanere mai a corto di cose su cui litigare. Non importa quanto piccolo possa essere il problema! Tu distorcilo, ingrandiscilo e fallo sembrare gigantesco. Discutendo regolarmente con lui, lo indebolirai nello spirito e nell'anima rendendolo meno propenso a risponderti quando troverai nuovi appigli su cui attaccarlo. La vittima dovrà sentirsi sempre come se stesse camminando sui gusci d'uovo. Questo ti darà più potere e più controllo.

10. *Trattamento del silenzio*

Il silenzio è un altro potente gioco mentale. Sottoponi il tuo partner al trattamento del silenzio quando ti turba. Lo renderai insicuro mentre si tormenterà su ciò che potrebbe aver fatto di sbagliato. Si preoccuperà per te, cercherà di farti parlare e tu avrai l'opportunità per convincerlo a fare quello che vuoi.

11. *Love Bombing*

Gli scienziati sostengono che l'amore ha sul cervello di una persona un effetto simile a quello della cocaina. Se ci pensi, "l'industria dell'amore" vale centinaia di miliardi; e li vale per una buona ragione. Ossia che noi esseri umani non possiamo sopravvivere senza amore.

Per questo, uno dei modi migliori per manipolare una persona si fonda sul presupposto dell'amore. La tecnica, la conoscerai ormai sicuramente, è nota come love-bombing, ne avrai sicuramente sentito parlare vero? Perdonami se ogni tanto mi ripeto, sto cercando di schematizzare e farti immedesimare il più possibile per darti la possibilità di costruire una bella mappa mentale e relativa al modo di agire del narcisista. Dicevo, il love-bombing implica semplicemente un'adorazione smisurata fondata sul nulla ma che ha come obiettivo finale quello di manipolare la persona oggetto di tutto questo e convincerla ad esaudire i tuoi desideri.

Alcune delle cose che dovresti preoccuparti di fare nella fase del bombardamento d'amore includono:

a)   Raccogliere informazioni su di loro

All'inizio del processo sarà necessario capire che la tua arma migliore sono le informazioni. Non dovrai quindi mai stancarti di raccogliere informazioni sul tuo partner. Le domande che gli farai dovranno arrivare tanto velocemente quanto le tue esternazioni d'amore. Ovviamente, dovrai stare attenta a non sembrare un agente sotto copertura. Le domande andranno poste facendo sembrare che il tuo interesse è sincero. Mostrerai voglia di sapere di più su cosa sta succedendo nella sua vita e ascolterai molto volentieri.

b) Biglietti con dichiarazioni d'amore

Assicurati quindi di mettere tantissimi bigliettini nei quali dichiarerai il tuo amore per una determinata persona. Mettili in ogni dove praticamente: camera da letto, bagno e persino sulla sua macchina. Mostragli che è sempre nella tua mente e che tu desideri il meglio per lui.

c) Mazzi di fiori

Non dovrai farlo solo il giorno di San Valentino. Dovrai bombardarlo di fiori perché lui deve immaginare che tu sei pazza di lui. I fiori sono simbolo di amore e passione. E non c'è niente di più emozionante che ricevere, regolarmente, fiori dalla persona che si ama (almeno per la maggior parte delle persone è così).

d) Messaggi

Non essere il tipo di persona che invia loro solo il messaggio del buongiorno o della buonanotte. In qualità di bombarola d'amore dovrai continuare a mandargli messaggi per tutto il giorno anche fino a notte fonda. Assicurati, inoltre, che i tuoi testi siano carichi di belle parole e che descrivano per filo e per segno il tuo battito di cuore.

e) Regali

Non chiedere mai al tuo partner di sedersi con te a discutere per le vacanze. Basterà inviargli biglietti di viaggio ed una carta di credito per fare shopping e sorprenderlo. Fagli capire che sei innamorata e che sei pronta a spendere parecchio in modo da poter renderlo felice.

f) Parla di lui/lei con molta enfasi

Dovrai far sapere al tuo partner che lo pensi continuamente, che lui è il migliore in tutto e che sei innamorata di lui. Inizialmente, non dargli alcun motivo per dubitare del tuo amore. Utilizza parole forti e significative per esprimere quanto sei fortunata e felice per il fatto di averlo nella tua vita.

g) Spingi sull'acceleratore

Per raggiungere il tuo obiettivo ricordati di colpire quando il ferro è ancora caldo. Dovrai muoverti e fare tutto questo ad una velocità incredibile. Non c'è tempo per ragionare. Se, al contrario, farai le cose con calma il tuo obiettivo potrebbe allontanarsi oppure cominciare a nutrire sospetti su di te prima ancora di esser cotto a puntino.

Se riuscirai ad agganciarlo piuttosto velocemente sarà poi facile convincerlo. Dopotutto, sei innamorata no? Non è proprio la persona che stavi aspettando? Quindi non ha senso andarci lentamente. Cerca di fare tutto velocemente. È il modo migliore per manipolare il tuo partner.

h) Salvalo

Dovrai anche trasformarti in una specie di salvatore. Il presupposto di questo è l'esser sempre consapevole di cosa sta succedendo. Ti concentrerai quindi sui problemi in arrivo facendo in modo di risolverli giusto in tempo. Questo lo porterà a fidarsi di te e ad adagiarsi letteralmente. Di conseguenza, non potrà fare a meno di te e avrai costruito quell'attaccamento necessario per tirare poi su la tua definitiva manipolazione.

i) Montagne russe emotive

Non potrai mai permettere che il tuo partner sia in uno stato di equilibrio psichico. Dovrà tornare in sé solo una volta che tu avrai finito con il bombardamento. E per portarli in uno stato di emozioni senza fine dovrai sapere bene quali pulsanti premere ed in quale momento farlo. In questo modo, sarai sempre nella loro mente. Magari avranno qualche dubbio, potrebbero chiedersi cosa hai ancora in mente e pensare se tutto sia vero o meno. Non importa, tu procedi diritta. Alla fine, avranno una sgradita sorpresa e scopriranno tutto quando ormai sarà troppo tardi. Tu vuoi questo!

j) Tieni sempre a mente il vero motivo

Ora, tieni sempre presente che non farai un bombardamento d'amore solo per il gusto di farlo. Tu hai in mente qualcosa di tremendo. Qualcosa di vile, perverso e cattivo. Il tuo obiettivo è quello di manipolare una determinata persona per irretirla e soggiogarla nel cuore e nell'anima. Poi, una volta ottenuto ciò che stavi cercando, ti preparerai a scappare.

Passiamo adesso ad occuparci di un altro tassello importantissimo in questa tua opera di manipolazione del perfetto narcisista: il senso di colpa.

Colpevolizzare qualcuno è uno dei modi più semplici per controllarlo o convincerlo a scusarsi. È un altro potente strumento di manipolazione che richiede di essere abili calcolatori ed implacabili cecchini emotivi. Se fatto in modo appropriato potrà convincere chiunque a fare ciò che desideri. Usato, poi, assieme al gaslighting, potrà esser devastante. Quello che segue è il processo generale per indurre qualcuno a vivere un senso di colpa.

Step 1: Osservare attentamente finché non si trova qualcosa per cui accusarli

Il fatto da cui prender spunto per agire in questa direzione è comprendere che nessuno è sempre dalla parte della ragione. In una relazione, le persone sono destinate a commettere errori di tanto in tanto. Per questo, dovrai controllare il tuo partner fino a quando non commetterà un errore. A quel punto, sarai nella posizione di fare un gran casino.

Se per natura sei una persona molto attenta, un narcisista lo è sempre, coglierai spesso il tuo partner in situazioni difficili. Quando capiterà, accusalo veementemente per render tutto il più brutto possibile. Non dargli mai la possibilità di convincersi che il suo errore è irrilevante. Rincara la dose ed assicurati di essere dalla parte di un'accusatrice onesta per poi lamentarti su quanto lui ti crei sempre problemi avanzando dubbi sul prosieguo della relazione.

Step 2: Rievocare il passato

Non ti basterà che si scusi lasciando scivolare la questione. Tu dovrai essere implacabile nello sferrare il tuo attacco. Ricordagli eventi del passato nei quali hanno sbagliato, richiama la sua attenzione su come sembri che abbia uno schema ben determinato nel fare cose terribili e aspettati di esser compresa (se non capirà, esagera). Arrabbiati, fagli capire che consideri il suo comportamento disdicevole e poco attento. Accusalo di comportarsi in modo meno che onorevole sostenendo che è ormai così da molto. Dovrai farlo sentire il più colpevole possibile.

Non devi lasciare che pensi di esser stato perdonato, almeno non subito. Dovrai anzi tramettergli un immenso senso di vergogna ricapitolando tutte le sue negligenze e magari chiosando il tutto con un bel "**non ce la faccio più**" (tipo Magda, quella del film di Carlo Verdone).

Step 3: Accusare di voler tentare di sabotare la relazione

Una volta che lo avrai fatto sentire in imbarazzo per le sue azioni, dovrai accusarlo di comportarsi come se non gli importi più nulla della relazione. Dovrai farlo sembrare vero e dirgli che forse si comporta in modo così sconsiderato proprio per questo. Poi, ti preoccuperai di farti spiegare perché ha agito in quel modo pur sapendo che un tale comportamento può mettere a serio rischio il rapporto. Una volta sollevato l'argomento "relazione", aspettati che lui, preoccupato dalle tue reazioni, vada oltre, che cominci a scusarsi confessando che le cose non sono tutte come sembrano e che questo errore è stato una cosa di poco conto.

Step 4: Vantarsi

Per amplificare la loro vergogna ed il loro imbarazzo dovrai poi occuparti di ricordargli quanto sei brava. Serve per colpevolizzarlo ancora di più riguardo al suo comportamento. Dovrai dirgli che hai cercato sempre di dare il massimo per la relazione mentre lui, al contrario, pare faccia di tutto per sabotare il legame e che se continua così, sarai costretta ad allontanarti. Riepilogherai tutti i tuoi grandiosi gesti ribadendo che sei l'unica disposta a portare avanti la relazione fino al punto di portarlo al punto di crollo. Poi, rallenterai un attimo...

Step 5: Deviare il loro tentativo di risolvere il problema

Una volta che il tuo partner avrà capito che sei gravemente insoddisfatta per quello che hai fatto, il suo istinto sarà quello di provare a sistemare le cose cercando meticolosamente strade per ottenere il tuo perdono e risolvere il problema. Bene, non dargliene opportunità. Devia i suoi tentativi. Strappagli con tutta la malignità di cui disponi ogni grammo di potere legato ai loro misfatti e dimostragli di non essere più disposta a lasciar correre. Fagli pesare l'errore come un macigno, ribadisci il suo voler continuamente tentare di sabotare la relazione e riempilo come una botte di sensi di colpa.

Step 6: Mettere condizioni e creare vincoli al tuo perdono

Ora, come avrai capito, lo scopo di colpevolizzare il tuo partner, è quello di ottenere qualcosa in cambio. Quindi, non retrocedere mai definitivamente, vai avanti e comincia a mettere vincoli condizionando a questi il tuo perdono. Questo è il punto cruciale di tutto. Qui è dove lo manipolerai per fargli fare ciò che vuoi e gli mostrerai la volontà del non perdono se non a condizione del rispetto dei vincoli appena posti.

Ormai la relazione è bella che instaurata, certo, avresti potuto allungare l'opera di raccolta degli elementi prima di procedere con il love-bombing ma ormai ci sei e ti aspetti che il tuo partner si sottometta per il bene della relazione. Se, invece, non sarà pronto a fare quello che gli chiedi, nel modo in cui hai stabilito, dovrai abbandonarlo perché è come se lui ti dicesse che non è più interessato al rapporto. Ergo SCARTERAI senza pietà.

Questo, è, per grandi linee, ciò che succede in una relazione narcisistica. Facendoti calare nel suo ruolo, spero che tu abbia meglio compreso alcune dinamiche che, pur conoscendo, magari non avevi ben chiare. Se, quindi, dopo questa lettura ti avrò lasciato qualcosa in più di quello che già conoscevi, allora bene, sarò riuscita nel mio intento.

Capitolo 9 – Manipolazione segreta e modalità di risposta

I narcisisti non sono persone poco intelligenti. Alcuni di loro, una tipologia in particolare, sono molto intelligenti ed hanno una quantità di skills e modi attraverso i quali capire come manipolarti e quanto efficientemente poterlo fare. Arrivano al punto, una volta completato il solito schema, di tenerti al guinzaglio. Tuttavia, il modo in cui lo fanno è estremamente semplice se ci pensi bene. In fondo, sono tecniche piuttosto chiare. A condizione di conoscerle un po'. Quindi, comincia a pensare questo: il fatto di proteggerti da esse è possibile. Basterà fidarsi del proprio istinto e aver voglia di compiere una non semplice ma necessaria opera di ricostruzione. Ma il primo punto dal quale muovere, te l'ho scritto già anche altre volte, è la consapevolezza.

Ma torniamo all'oggetto del libro! In generale, queste tecniche, si basano sulle emozioni della vittima e sul deficit empatico dell'aggressore. Ed anche se questo può sembrare molto crudele da parte loro, voglio confidarti, al di la di quello che molti altri sostengono, che loro sono in grado di capire molto bene i sentimenti degli altri. Hanno difficoltà nel gestire le **loro emozioni** ma riconoscono, come un lupo che fiuta la sua preda, quelle degli altri.

Però, non riescono a filtrare in modo sano le opinioni delle altre persone e non riescono ad entrare in contatto con gli altri in modo sincero.

Il principale meccanismo di difesa che una vittima può utilizzare a proprio vantaggio è l'eliminazione dell'elemento sorpresa. Questo, è ciò che l'aggressore usa per strapparti il pavimento da sotto i piedi ogni volta che sei completamente dentro al rapporto.

In breve, dovrai smetterla di chiederti cosa aspettarti e cosa evitare. Dovrai, invece, imparare ad essere in grado di reagire rapidamente a situazioni potenzialmente abusanti e pericolose. Questo ti consentirà di muoverti in un modo che non saresti in grado di fare se fossi perennemente bloccata senza avere la minima idea di ciò che accade intorno a te.
Essere vigili ed abituarsi al modus operandi del tuo aggressore ti aiuterà ad uscire integra dalla relazione.

Come saprai, i maltrattatori tendono a seguire sempre gli stessi schemi. Cerca quindi di assimilarli per bene, osservali e approfondisci i contenuti in modo da rendere evidente l'abuso quando e se esso si verificherà.

Adesso, oltre a capire perché queste tattiche funzionano, e abbiamo visto assieme nei capitoli precedenti come esse si dipanano in una relazione fingendo di esser noi i narcisisti, dovrai prima di tutto capire perché funzionano su di te. I molestatori in genere, gli psicopatici ed i narcisisti, scelgono le loro vittime sempre per una ragione.

Come ho già scritto, molti molestatori sanno bene come individuare un empatico o qualcuno che ha subito un trauma in passato. Lo fiutano. Ne sentono l'odore.

Comincia adesso a pensare a quale aspetto della tua personalità ti lascia scoperto e vulnerabile ad essere sfruttato. Questo non significa dover presumere che l'abuso sia colpa tua ma significa, al contrario, che dovresti apprendere modalità grazie alle quali poterti difendere e badare di più a te stesso. Imparare a proteggersi dagli abusi e da violenze di altro tipo ti renderà più sicura e consapevole.

Molte vittime in occasione di nuove storie cadono spesso nel tranello del "**questa volta sarà diverso**" e lasciano che il loro ottimismo prevalga sulla logica riportandole nel ciclo dell'abuso con un soggetto diverso ma altrettanto manipolatore. In questo libro, vengono descritte molte tattiche; alcune di esse, magari, non sono mai state usate con te perché, secondo il maltrattatore, potrebbero non funzionare così bene. Altre ancora, invece, potresti conoscerle fin troppo bene perché magari sai che quella in particolare riesce ad essere parecchio dolorosa su di te per diverse ragioni. Ti invito, pertanto, a metterti nei panni di un ipotetico "tu" collettivo e considerare quali potrebbero essere queste ragioni; a farne tuoi i meccanismi ed a cominciare a pensare ad una soluzione. Tieni presente che, in quanto individui abbiamo tutti gli strumenti necessari per poter chiudere determinate situazioni. Quello che ci manca, molto spesso, sono la forza ed il coraggio di uscire da quella zona di comfort che ci rende perdenti ancor prima che la partita abbia inizio.

Generalmente, la tecnica più frequentemente usata dai maltrattatori è quella relativa al senso di colpa. Chiunque ha tendenze ad approfittarsi in modo più o meno marcato degli altri, cercherà di farti sentire in colpa rovesciando su di te la responsabilità di una eventuale brutta relazione anche se, ragionevolmente, ciò non è affatto vero.

In poche parole, questo modo di spingere l'altro a sentirsi in colpa lo porta in uno stato di sottomissione rendendolo molto più propenso a restare. L'aggressore, sovente, ha una tale capacità nell'inventare storie e far sembrare tutto apparentemente vero che la vittima, spesso esausta, non ha né modo né voglia di difendersi o ribattere e finisce per prendersi quella colpa che in sostanza è tutta nella testa del soggetto abusante.

Per esempio, un appuntamento potrebbe finire su di un brutto binario e la coppia potrebbe cominciare a litigare a lungo, sono cose che succedono anche in una relazione sana. Ma in una relazione narcisistica la differenza sta nel fatto che l'aggressore cercherà di far sentire la vittima in colpa rinfacciandole che avrebbe potuto evitare tutto e cominciando a somministrarle abusi più o meno violenti. Quando e se circostanze di questo tipo dovessero presentarsi nella tua relazione prova a fare un passo indietro ed a pensare in maniera estremamente lucida relativamente allo svolgersi dei fatti e non accettare inerme ed automaticamente il modo in cui il tuo partner cerca di plasmare la realtà della vicenda.

Imporre le proprie ragioni

I narcisisti cercheranno sempre di forzare una risposta nell'interlocutore, vittima in quasi tutte le circostanze, quando, effettivamente, non ce n'è una. Potrebbe riguardare un problema di lavoro, un aspetto familiare o relativo alla relazione. L'aggressore, come ho già detto prima, non può sopportare di non avere il controllo di ciò che sta accadendo in un determinato momento. Di conseguenza, ha bisogno di avere una risposta quanto più prima possibile e per qualsiasi cosa. Così, spesso, cerca di ottenerla dalla vittima nel caso in cui non riesca a produrla da solo. Proverà a spingerti a rispondere o a trovare una soluzione ad un problema che non puoi risolvere. È consapevole del fatto che il problema non riguarda qualcosa di cui tu sei a conoscenza; oppure considera che tu non abbia né il tempo né l'energia per poterlo risolvere ma, nonostante questo, continua a insistere a prescindere.

Questo modo di fare funziona su molte vittime perché le spinge fuori dalla loro zona di comfort e le mette in uno stato di disequilibrio. Si sentiranno prese alla sprovvista nel ricevere una domanda del genere e cercheranno di fare il possibile per aiutare. Ma, pur sapendo di non esserne in grado, provandoci lo stesso, finiranno per ferirsi o per deludere il partner. Ciò, ovviamente, avrà l'effetto di rafforzare quella vergogna e quella sensazione di inutilità di cui abbiamo detto prima.

Ora, nel ruolo di vittima, dovrai imparare a dire di no alle richieste che ti mettono a disagio. Sii pronta a rifiutare richieste che sai di non esser in grado di soddisfare con calma.

La maggior parte dei molestatori è relativamente meschina nel modo in cui interagisce con le proprie vittime una volta che esse sono state messe nell'angolo. Difatti, quando si trovano in questo particolare stato, offese, deluse, scioccate e ferite, dovranno sopportare anche quell'altra perversa tecnica di cui fanno uso i narcisisti e meglio conosciuta come **triangolazione**. In che cosa consiste? Il narcisista si taglierà fuori dal contesto rafforzando nella vittima la sensazione che qualunque sia stato il problema di comunicazione è colpa sua e coinvolgerà qualcun altro nella lite al posto suo. Si chiamano scimmie volanti ed hanno il compito di portare avanti l'opera del narcisista.

Prova adesso a ricordare se hai vissuto una simile circostanza. Ripensa ad una lite che hai avuto in passato con la tua dolce (è ironico) metà e cerca di fare mente locale sul fatto che lui abbia raccontato tutto ad un suo amico. Nel caso ricorderai qualcosa di simile, avrai un esempio di triangolazione. In caso contrario, tienilo presente per il futuro. Funziona sulla maggior parte delle vittime perché le fa sentire tagliate fuori dalla relazione e dal partner.

Quando l'aggressore si rifiuta di parlare con la propria vittima e di risolvere le cose in modo sano e ragionevole, la vittima si sentirà più sola di quanto non si sentisse in precedenza. Può essere molto complicato elaborare questa sensazione e capire quando qualcosa è colpa dell'aggressore, quasi sempre, o quando invece no. Di solito ci vuole un po' di pratica. Quindi, se noti che il tuo partner cerca di usare una terza persona per comunicare con te, rifiutati fermamente di assecondarlo. Accetta solo di parlare con lui. Le cose vostre, non sono affari di qualcun altro ed il tuo partner deve capirlo.

L'aggressore ama giocare sempre la carta della vittima, ogni volta che ne vede la possibilità. Questa è la radice di molte diverse tattiche di manipolazione. Sa come sfruttare a proprio vantaggio quasi ogni situazione e sa capovolgerla in modo da farti sembrare quella cattiva.

Se loro riusciranno, quindi, a far sembrare non solo agli altri ma anche a te che sei tu la colpevole, ti avranno conquistata. Sembra un paradosso vero? È proprio così.

Facciamo un esempio. Immagina di litigare, il tuo partner si ferma ed inizia a vomitarti contro tutto ciò che secondo lui gli hai fatto fino al punto di arrivare a darti la colpa della discussione. Oppure pensa a quando cerchi aiuto in altre persone. Riuscirà a farlo passare per un tradimento e ti rinfaccerà di essere promiscua.

I narcisisti hanno una straordinaria capacità di entrare nella testa degli altri e condizionare la loro percezione. Comincia a renderti conto che non devi per nessuna ragione accettare le loro chiacchiere e considerarle prima delle tue. Impara a tracciare dei confini e a farli rispettare. Chiedi aiuto a persone di cui ti fidi e fregatene di quello che pensa lui. Ascolta il modo in cui loro vedono le cose, tieni presente i loro punti di vista. Avere le opinioni di altre persone potrà aiutarti ad avere un quadro più chiaro della relazione e a recuperare il controllo di te stessa.

Quando ti sentirai ormai sul punto di decidere finalmente di mandare a quel paese il tuo aggressore e abbandonare quindi la relazione per il tuo bene, lui potrebbe provare a risucchiarti dentro (hoovering) dando luogo ad un nuovo e sfavillante ciclo di love bombing. Bene, dovrai fregartene.

Ne abbiamo già discusso prima, l'ho scritto anche in altri miei libri. Ma te lo ribadisco in modo da fartelo entrare bene nel subconscio. Il bombardamento d'amore è una tattica attraverso la quale il narcisista ti "molesta", perché di questo si tratta e non credere che sia un qualcosa di vero, dicevamo ti molesta con lodi, amore e dimostrazioni di affetto finché tu non inizierai nuovamente ad esser ossessionata da lui. Il modo in cui un soggetto abusante fa uso del love-bombing varia da persona a persona ma la maggior parte di loro sa essere molto appariscente e gentile. Perché? Perché questo modo di fare implementa l'obbligo sociale oltre al debito che potresti provare nei loro confronti individualmente. L'interlocutore si sente come obbligato ad accettare e finisce per perdonare.

Il love-bombing, oltre a fungere come strumento di cattura sia in fase iniziale che dopo lo scarto, ha anche lo scopo di creare un senso di connessione ed intimità tra due soggetti. In questa circostanza, avrà lo scopo di riportarti dalla sua parte ed inondare di dopamina il tuo sistema centrale. Quella stessa dopamina che hai sperimentato quando lo hai incontrato per la prima volta. In questo momento, penserai che la relazione può esser salvata. Si, cara lettrice, sono diabolici. È proprio così.

Ti hanno osservata, ti hanno selezionata con cura per la tua gentilezza e per la tua capacità di entrare in contatto con gli altri in un modo molto più intimo e personale. Ergo, poiché sanno quanto puoi connetterti con loro, specialmente se sei vittima di traumi passati e loro lo sentono, sanno anche che possono ottenere tanto da te in termini di comprensione, affetto e totale abnegazione.

Sono a conoscenza del fatto che li vedrai come persone bisognose di affetto, persone in un certo senso **da salvare.** Insomma, qualcuno che ha bisogno di aiuto. Proprio come te. E sanno altresì che assurgerai facilmente a ruolo di eterna crocerossina pronta ad aiutarli, anche se questo significa dover sicuramente barattare la tua felicità.

Allora, se vedi che il tuo narcisista (ma poi mi spieghi perché voi vittime lo considerate sempre **vostro**? Ma vostro di che?) inizia a ritrarsi e sembra diventare più triste o depresso, tienilo a mente. Perché sta semplicemente manipolando i tuoi sentimenti. Diffida in modo assoluto di ogni emozione che esprime in tua presenza.

Va precisato, adesso, che il narcisista, durante la ricattura, potrebbe notare che il lato che ti ha mostrato fino a quel momento non funziona più e potrebbe cercare di conseguenza di intimidirti. L'obiettivo comunque è sempre lo stesso. Vuole tenerti legata. Sa che l'abbandono da parte tua potrebbe esser un fallimento troppo grande ed userà tutte le armi a sua disposizione per tenerti incatenata a lui e limitarti in ogni movimento.

Ora, qui val la pena di aprire una parentesi! Questo processo di ricattura può durare anche mesi od anni. Se quindi ti sembrerà di passare periodi di relativa calma, magari anche soffrendo per il fatto di non vederlo e sentirlo più da tempo, non disperare (anche qui sono ironica eh), prima o poi, in qualche modo, arriverà il suo cù cù. Vedi, se è questo che vuoi sentirti dire, significa che non sei ancora nemmeno lontanamente vicina a risolvere il problema. Sappi però che la ricattura può avvenire anche a distanza di anni. Non pensare aseticamente ai suoi schemi. Riferiscili ad una realtà nella quale esiste la variabile tempo ed un disturbo narcisistico della personalità piuttosto marcato.

Ma torniamo a noi. I tratti ossessivi di un aggressore non conoscono limiti. Di solito hanno un'infinità di modi per rintracciarti e vedere dove ti trovi. Ti monitoreranno in continuazione, di questo puoi starne certa.

Un certo tipo di intimidazioni di solito arriva sulla scia della pietà e di qualche ondata di tristezza che ha provato più volte ad esprimerti. Ed in particolare quando nota che non presti più molta attenzione alle sue buffonate. Cambierà così le sue emozioni per destabilizzarti e nasconderà questo tipo di approccio (intimidazione) dietro un atto di "amore" affermando magari di volerti solo tenere al sicuro il più a lungo possibile (eh già, quando ci si mettono sono davvero bravi).

Se dovessi notare questo tipo di comportamento non lasciare che il tuo maltrattatore ti costringa a credere a tutto. Per stare al sicuro e ricostruirti devi rispettarti e stargli lontano. Dovrai riprendere fiducia in te stessa per evitare ulteriori abusi da parte sua ed in genere. Questo tipo di manifestazioni, che siano esse il prodotto di love-bombing o intimidazione non sono dimostrazioni d'amore. Sono MOLESTIE. Ed è ora che tu cominci a prenderne atto.

La situazione, di solito, comincia a farsi preoccupante quando la vittima cerca di reagire. In qualità di vittima che subisce un abuso, devi capire che ci sono diversi modi per resistere al tuo aggressore e contrattaccare. Essi, non implicano tutti necessariamente una palese resistenza ad una lotta all'ultimo sangue. Anzi, meno renderai visibile la tua resistenza alla sua manipolazione promuovendola in modo discreto e silenzioso, più avrai possibilità di uscirne senza che lui se ne accorga. La tua priorità dovrebbe essere quella di acquisire maggior sicurezza in te stessa. Per farlo, dovrai riuscire a farti **intercettare** il meno possibile.

Per quanto meschini essi siano, la maggior parte dei molestatori utilizzano metodi di bullismo emotivo molto semplici e che possono arrivare più facilmente. Molti di loro, semplicemente, dopo qualche vago tentativo, possono tornare accusando la vittima, chiamandola con appellativi denigratori e facendola sentire più piccola ed indifesa possibile. Questo tipo di abuso potrebbe cominciare lentamente fino a sfociare in una violenta discussione nella quale il tuo aggressore potrebbe improvvisamente insultarti oppure usare una frase che sa che ti ferisce. Poi magari si scuserà e tu lo perdonerai pure. Ma sappi almeno che questo comincerà ad accadere sempre più frequentemente. In ogni discussione, ovviamente creata ad arte da parte loro, ti denigreranno ed insulteranno verbalmente con soprannomi e termini che ti faranno ribollire il sangue. Stanno semplicemente cercando di farti arrabbiare.

Se reagirai verbalmente, loro sapranno come farti perdere l'equilibrio e sorprenderti. E se sanno come farti arrabbiare, sanno anche come costringerti alla sottomissione. È uno dei tanti modi che utilizzano per cercare di spostare l'equilibrio del potere per tenerlo nelle proprie mani il più a lungo possibile.

Quindi, in questo caso, ti consiglio di osservare attentamente i suoi comportamenti ed assicurati di imparare a controllare i tuoi sentimenti; non permettergli di provocarti fino al punto di ottenere una reazione emotiva da te. Piuttosto, allontanati dalla discussione se puoi e non lasciare mai che il tuo aggressore ti veda crollare.

Un'altra cosa che sanno fare molto bene è quella di bloccare comunicativamente (trattamento del silenzio) coloro che sanno confrontarsi molto bene attraverso la comunicazione verbale. Questo, nella loro testa, dovrebbe rendere insicura la vittima e sicuri loro...nella loro testa però, fortunatamente non sempre è così.

Comunque, tendenzialmente, mirano a creare una sensazione di isolamento che di solito è sufficiente ad indurre la vittima a perdonarli per qualsiasi cosa. A quel punto, la punizione avrà fatto il suo corso e l'aggressore si sentirà di nuovo dominante. Questa forma di manipolazione non è altro che un gioco di resistenza emotiva. Ovviamente, la vittima non potrà mai vincere perché l'aggressore ha un modello di attaccamento totalmente diverso e più cinico rispetto a quello del soggetto abusato. Ricorda che chi non ha emozioni, chi non sente nulla, in queste circostanze è sempre vincitore. Il segreto è sempre il lavoro su sé stessi, il cambiamento di quei paradigmi inconsci che sono il nostro autopilota, in questi casi, distruttivo.

Se sei in una situazione di questo tipo, con un bel trattamento del silenzio in atto, cerca di capire che il fatto di sentirti sola ed aver voglia di parlare con lui è del tutto normale in questo momento. Però, cerca di non dargliela vinta. E se proprio non ce la fai, sappi che non dovresti farlo. Per adesso va bene questo. Quindi, se perderai, cerca di uscirne almeno a testa alta.

Dopo che la relazione ed il legame si saranno ormai integrati, potresti cominciare a notare un cambiamento nel tuo maltrattatore relativamente al modo in cui tratta e considera i tuoi problemi e le tue reazioni, soprattutto se paragonati ai suoi. Se TU hai un problema o reagisci emotivamente riguardo qualcosa, lui potrebbe provare a "calmarti" dicendoti che stai reagendo in modo esagerato. Farà sembrare la tua reazione più importante di quanto in realtà non fosse e non proporzionata al reale problema cercando di convincerti che il problema non esiste e che, invece, lo stai creando tu.

Al contrario, si preoccuperà solo per i suoi problemi trattandoli come priorità assoluta ed aspettandosi grande considerazione da te relativamente a questi.

Questo è il modo in cui il narcisista cerca di farti considerare prima i suoi problemi e dopo, semmai, i tuoi, rafforzando il paradigma che tu dovresti fare più affidamento su ciò che lui sostiene incasinando, di conseguenza, la tua percezione della realtà. E siamo sempre lì! Il buon vecchio gaslighting...

Anche per quanto riguarda questo, non dovrai mai prendere sul serio il modo in cui il molestatore rigira a suo favore le situazioni. La SUA realtà è qualcosa di gonfiato rispetto alla tua. E lo è semplicemente per l'interesse di voler rendere i suoi problemi sostanzialmente più importanti dei tuoi.

Comincia quindi a prenderti cura di te stessa prima di chiunque altro ed assicurati sempre che la tua salute sia la priorità.

Un narcisista cercherà sempre di mentirti, in ogni occasione. Per lui, ogni singola opportunità è un pretesto per mentire, per confondere i tuoi sentimenti, per farti sentire piccola ed incasinata con il mondo; è un pretesto per mettere in discussione il modo in cui tu percepisci le cose intorno a te.

Uno degli strumenti più comuni attraverso i quali lui mira ad ottenere questo è l'omissione.

Le bugie che derivano da omissione non sono tecnicamente bugie. Sono un modo in cui il tuo partner nasconde intenzionalmente la verità o ti mette contro ad un amico o ad un familiare. Così, potrà tenerti lontano dagli altri ed indurti a fidarti solo della sua "narrativa" relativamente ad un fatto su cui tu nutri riserve. Così, quando lui ti racconterà qualcosa che è successo, tu tenderai a fidarti mentre, magari, potresti arrivare a litigare con un amico od una persona cara e lui potrebbe essere il solo ed unico strumento per poter interagire con loro (immagina a quali condizioni).

Se puoi, quindi, cerca di evitare di dover fare affidamento solo sul tuo maltrattatore o almeno assicurati di aver modo di verificare tutto ciò che lui dice.

Parlando di gaslighting, quindi, avrai ormai ben compreso che le bugie di un eventuale aggressore emotivo integrano quella che ad oggi viene riconosciuta come una delle tattiche di manipolazione più potenti e dannose che tu, nel ruolo di vittima, potresti esser sul punto di dover affrontare. Posso tranquillamente affermare che più o meno TUTTA la manipolazione di un narcisista si fonda sul gaslighting.

Abbiamo detto che quando tu ed il tuo molestatore litigate per qualcosa, lui potrebbe cercare di sminuire le tue reazioni ed indurti a pensare che il modo in cui reagisci non sia appropriato alla circostanza. In sostanza, cercherà di farti credere che ti stai arrabbiando inutilmente perché ciò per cui ti arrabbi non è avvenuto nel modo in cui tu lo hai percepito. Insistere su queste circostanze, mettere continuamente in dubbio ciò che tu percepisci, alla lunga, può diventare incredibilmente dannoso. Tutto questo, ovviamente, è fatto intenzionalmente ed ha lo scopo di incatenarti ancora di più a lui.

Questa eterna deferenza gli darà il potere di costruire su misura qualsiasi evento.

Comincia, per tanto, ad osservare attentamente con quali aspetti del tuo modo di vivere lui sembra esser quasi sempre in disaccordo. Cerca di fare tutto il possibile per ottenere una seconda opinione da qualcun altro e non fidarti mai solo ed esclusivamente della narrazione del tuo partner, almeno fin quando non potrai verificarla con qualcuno che sia neutrale verso la situazione e non coinvolto. Noterai che, una volta chiarito il tutto, quando lo affronterai chiedendogli qualcosa, lui eviterà di risponderti. Se ci pensi, alla fine non è neanche così difficile. Vissuta nel ruolo di una persona non coinvolta, la maggior parte della realtà che loro costruiscono, è un'autentica boiata che può imprigionare solamente chi, per motivi che sono legati a radici molto profonde, cade nella sua rete.

I narcisisti, nel bel mezzo di un legame definiamolo affettivo, trascorrono la maggior parte del tempo a sfuggire alle domande del partner ed a cercare di distrarlo da ciò che sta realmente succedendo nella relazione. Faranno quindi tutto il possibile per confondere la vittima, nascondendole molto abilmente le loro parti più oscure con un'immotivata gentilezza che gli servirà a confondere per arrivare ad avere quel crescendo di opportunità situazionali che gli consentiranno di instaurare un totale controllo.

Spesso faranno le vittime cercando di guadagnarsi la tua pietà ed enfatizzando il loro stato di persone sopraffatte da un trauma che hanno bisogno di aiuto. E, diciamocelo, probabilmente sarà anche vero. Metteranno in scena questo disco rotto fino a quando, alla fine, ormai esausta tornerai di nuovo a prenderti cura di loro. Non ti permetteranno mai di scavare troppo in profondità relativamente a quello che dicono per trovare qualche punto debole.

Se sei una persona che sta attraversando questo ciclo di diversione ed evasione, assicurati di rimanere sul pezzo. Non lasciarti assolutamente influenzare da improvvisi cambi di direzione e non cedere alla manipolazione emotiva. Lui può tranquillamente aspettare una tua risposta, anzi, forse è sicuramente meglio. Lascialo nel bel mezzo dell'organizzazione della sua festa di pietà.

Spesso, i narcisisti interagiscono attraverso determinati comportamenti che si definiscono hot and cold (caldo-freddo). Questo significa che, magari, in un determinato momento potrebbero ignorarti del tutto mentre in un altro potrebbero reagire in modo violento o aggressivo relativamente a discussioni retoriche ed inutili solo per il gusto di provocarti.

Lo fanno per impedire alla vittima di stabilire un modello di pensiero confortevole. Proprio come il rinforzo intermittente, il trattamento del caldo-freddo è un modo per assicurarsi che la vittima non si senta troppo a proprio agio nella relazione.

Esser colti spesso alla sprovvista da reazioni diverse ed in completa contraddizione rispetto a situazione analoghe del passato, porta la vittima ad esser pervasa da una logica insensata che la rende immobile a qualsiasi tipo reazione. Per evitare questo, assicurati di avere intorno a te persone stabili su cui poter fare affidamento e non prestare più di tanto attenzione ai cambiamenti di umore ed alle improvvise esplosioni del tuo partner.

Un'altra pessima abitudine di questi maltrattatori è quella sviluppare una fastidiosa abitudine nel dimenticare volontariamente i comportamenti che li fanno sembrare cattivi mentre, raramente, lasceranno passare qualche tua disattenzione.

Questo è solo l'ennesima capriola manipolativa di un perverso aggressore che cercherà di bloccarti e farti credere che tu sei una persona terribile che non merita di sentirsi come si sente (magari in quel momento sei felice). La ragione per cui queste tecniche funzionano così bene è che la vittima è probabilmente già parecchio abituata a sentirsi sempre in bilico nelle relazioni. Come se non avesse alcun diritto di essere arrabbiata per qualcosa!

Chi in passato è stato vittima di abusi potrebbe infatti avere difficoltà a lasciar andare determinati condizionamenti.

Ovviamente, un narcisista lo sa e approfitterà sempre del modo in cui molte vittime tendono a incolparsi. Bene, sappi che questo è sbagliato. Anche questo è un abuso.

Pertanto, cerca di tenere sempre per te stesso un diario di ciò che ti succede. Potrà servirti ed esserti di conforto quando, un giorno, ti chiederai se ciò che hai vissuto in un determinato momento era reale. Ormai avrai capito che tutto il gaslighting si basa sul fatto di farti sentire pazza. Tenere traccia di tutto ciò che ti succede, al contrario, ti servirà a sostenere il tuo intuito ed a sconfiggere il soffocamento mentale ed emotivo di un eventuale maltrattatore.

Tieni altresì presente che affrontare il tuo aggressore cercando di fargli capire che è accaduto qualcosa di brutto nella relazione, non significa **arrivargli** emotivamente. Lui, troverà comunque un modo per allontanare la colpa ed eventualmente far ricadere la responsabilità su di te.

I narcisisti, ed i maltrattatori in genere, operano in questo modo. Non possono assumersi alcuna responsabilità anche quando è evidentemente colpa loro. Questo è il principale difetto dell'affascinante e carismatico narcisista! Sono soggetti con un serio disturbo della personalità e troveranno incredibilmente difficile credere che qualcosa sia andata storta per colpa loro. In particolare, poi, non lo accetteranno mai da qualcuno che disprezzano e di cui abusano regolarmente.

Devi sapere che questa deviazione della colpa di solito riguarda più i loro difetti che i tuoi. Colpevolizzare l'altro, in genere, è un sottoprodotto della loro incapacità di assumersi la responsabilità di qualsiasi cosa.

Mettiti quindi al primo posto e allontanati da lui se ne senti il bisogno. La tua sicurezza e la tua salute sono molto più importanti della tranquillità di colui che ti abusa. Dovrai cominciare ad essere in grado di stabilire quali sono le tue priorità ed a renderti conto che il fatto di esser caduta nella tela di un narcisista ed il fatto di sembrare alle volte infantile nei suoi confronti non sono colpa tua e nessuno ha il diritto di rinfacciartelo. Sei come sei, accettalo, rispettalo e vanne fiera. In futuro, impareranno ad accettarlo anche gli altri. Chi non lo farà ti eviterà perdite di tempo.

Soffermiamoci adesso su di un altro concetto. Hai presente l'ipnosi? Ecco, l'ipnosi potrebbe essere qualcosa a cui non pensi quando consideri i modi attraverso i quali sei vittima di abusi. Però, se ci rifletti un attimo, uno stato di trance è qualcosa di molto vicino al modo in cui un narcisista ti influenza alterando il tuo modo di pensare.

Noi, durante la nostra vita, entriamo spesso in uno stato di trance. Quando guidiamo ad esempio; oppure quando ascoltiamo la musica o leggiamo un bel libro.

Lo stato di trance è uno stato di concentrazione molto intenso nel quale abbiamo una quasi totale mancanza di attenzione sulle cose che ci accadono intorno.

I manipolatori, a volte, hanno un effetto molto simile sulle loro vittime. Riescono ad indurre la vittima a concentrarsi solo ed esclusivamente sulla relazione. Tutto il resto svanisce dal loro focus. Questo consente al manipolatore di isolare totalmente la vittima dal mondo esterno e di trarne un vantaggio personale relativamente ai propri bisogni.

Non lasciare che il narcisista ti faccia questo. Non lasciare che ti infili dentro ad un tunnel angosciante e delirante. Se ti concentrerai solo su di lui, avrà vinto.

Assicurati invece di rimanere in contatto con le persone al di fuori della vostra relazione e fai del tuo meglio per mantenere i rapporti (non dimenticarti che lui farà di tutto per isolarti). Potrebbe, come abbiamo visto sopra, essere necessario fare affidamento su di loro in futuro, quindi faresti bene ad assicurati che la tua consapevolezza non sia totalmente limitata alle parole stregate del narcisista. La persona che hai di fronte non è l'unica persona che conta. Prima di tutto ci sei tu. Ficcatelo in testa.

Generalmente, quando litighi con un maltrattatore, il loro modo non sarà sempre palesemente in contrasto con l'oggetto della discussione. Piuttosto esprimeranno il loro disappunto in modo condiscendente e passivo-aggressivo. Il loro obiettivo, in queste situazioni, è solo quello di assicurarsi che tu perda fiducia in te stessa dubitando della tua percezione. Pertanto, invece di dire "no, è successo questo, non insistere", inizieranno a chiedere, "sei sicura che sia successo?" Lo faranno per far sembrare che stanno cercando di aiutarti o di darti il beneficio del dubbio per non sembrare troppo combattivi.

Loro sanno benissimo che ti interrogherai molto ed intendono sfruttare questa tua natura insicura. Assicurati quindi di conservare un diario che documenti per bene tutto ciò che è accaduto. Oppure cerca di avere sempre almeno qualcuno con cui parlare e che abbia una comprensione neutrale e quanto più distaccata possibile degli eventi, in modo da poterli presentare in modo imparziale. L'obiettivo di un narcisista è sempre e solo quello di sconvolgerti prima di tentare una ricattura e far sembrare che lui sia la persona giusta.

Questa loro facciata, questo incantesimo attraverso il quale si mostrano come persone buone, ferite ed indifese è il trucco più pericoloso che incontrerai durante tutto il tempo che passerai con loro. Ti allontaneranno, ti eviteranno, ti insulteranno e ti faranno impazzire ma non appena inizierai ad allontanarti da loro ti cattureranno nuovamente o tenteranno di farlo quando comincerai a cambiare. Sanno cosa vuoi da loro e sono più che disposti a dartelo finché non avranno la sicurezza di poter fare con te tutto quello che vogliono.

Nella loro infinita crudeltà, capiranno la tua disperazione e fiuteranno le cose che hai passato. Agiranno in modo da renderti idonea ad aiutarli. Ma tieni presente che non vogliono la pietà del tuo aiuto, semmai tenteranno di fartelo credere. Ciò che vogliono veramente, è mantenerti nella loro vita in modo da poter continuare a depredarti l'anima. Questo, cara lettrice, è tutto ciò che dovrai veramente realizzare se sei nel bel mezzo di una relazione tossica. Un soggetto manipolatore non si cura di te e mai lo farà. Non si preoccupa dei tuoi sentimenti e non vuole il tuo aiuto. Rendersene conto adesso, e se stai leggendo questo libro credo che tu sia in una situazione del genere, può esser molto doloroso. Ma comprenderlo e prendere consapevolezza di questo, ti aiuterà ad uscire da una relazione terribile. Quindi, concludendo questo capitolo cosa posso dirti ancora? Beh, magari che pur avendo capito che il tuo narcisista non vuole realmente il tuo aiuto, tu potrai comunque cominciare ad aiutare te stessa.

Voglio darti una bella notizia amica mia: una persona che sperimenta il gaslighting per mano di un narcisista e di tutto il suo entourage, potrà comunque sfuggire con un certo margine di successo a questo tipo abuso. Attenzione però, questa fuga potrebbe richiedere mesi, anni o addirittura decenni nel caso si tratti di una relazione consolidata.

La vittima, generalmente, sotto l'incantesimo di questa forma manipolativa, sarà ormai in uno stato di completa agitazione. È una sensazione simile a quella provata dai prigionieri di guerra (DPTS – disturbo post traumatico da stress). Purtroppo, la maggior parte delle persone che non hanno mai sperimentato questi maltrattamenti non saranno consapevoli di ciò di cui la vittima racconta. Penseranno che tutte quelle esperienze siano il prodotto della sua fantasia e della sua immaginazione.

Una vittima di abuso, molto probabilmente, nel corso della sua vita, qualora non prenda coscienza della situazione, verrà molto probabilmente spinta a subire nuovi abusi per mano di altri maltrattatori che, invece di comprendere la sua esperienza come le faranno credere all'inizio, finiranno per approfittarsi di lei. Se ignara di certi meccanismi, non le verrà in sostanza offerta alcuna esperienza di comprensione o convalida.

La vittima sarà confusa perché non sa di essere una vittima essendo stata strapazzata per mesi od anni. Dal canto suo, il narcisista continuerà nell'opera di distruzione anche dopo la rottura, soprattutto a ricattura non avvenuta, per isolarla ancora di più. Spesso, addirittura, in molti accorreranno al capezzale del narcisista che sarà stato molto abile a manipolare gli altri facendo credere di esser lui la persona offesa.

Le persone, generalmente, tendono a schierarsi con quelli che sono più popolari e la vittima vacillerà una volta resasi conto che il narcisista le ha persino rubato i favori della sua cerchia ristretta. In un certo senso, il narcisista, avrà praticamente conficcato l'ultimo chiodo nella bara di una vittima ormai emotivamente esamine e ridotta ad uno straccio.

La maggior parte delle vittime di gaslighting ed abusi narcisistici, palesi o nascosti, alla fine si ritraggono nel loro cantuccio per leccarsi le ferite, devastati nel vedere quanto le loro opinioni e le loro idee siano paradossalmente così fluide e mutevoli nel ricordo del maltrattatore.

La loro percezione sarà per gran parte del tempo la loro realtà. Vivranno sotto questo incantesimo per molto tempo oppressi da pensieri ed emozioni in eterno conflitto. E la cosa assurda è che nessun altro sarà in grado di comprendere la loro versione.

Ancora peggio, gli altri cercheranno di convincere la vittima che tutto quello che raccontano sia falso e fuori di testa pur non avendo mai vissuto niente di simile ed anzi confrontandosi su presupposti di relazioni romantiche più o meno sane.

Questo, lascerà le vittime di gaslighting da sole a curarsi le ferite.

Purtroppo, il processo di recupero, se non coadiuvato da opportuna assistenza, potrebbe durare tantissimo e comunque non esser portato a pieno compimento lasciando la vittima esposta ad ulteriori maltrattamenti.
Lei, avrà il sacrosanto diritto di ricostruire la propria vita ed il proprio futuro.

Lei dovrà reclamare la propria identità, perduta nella scia prepotente di un abuso narcisistico violento ed ingiusto.

Sarà, pertanto, necessario risalire alla sua infanzia per elaborare eventuali traumi subiti e ricomporre i pezzi rotti di quel sostegno che, una volta, sorreggeva la sua splendida anima...eternamente in attesa di esser compresa e validata secondo schemi comportamentali ormai sopiti da tempo e forse mai palesatisi.

Bisognerà quindi cercare a tutti i costi di ridefinire quella nuova identità che potrà rinascere dalle ceneri di una splendida fenice devastata dal narcisista e da tutto il suo maligno alveare.

La vittima dovrà in sostanza ricostruire tutto il suo arsenale di ricordi sulla base delle esperienze e avventure vissute per elaborarlo con gli strumenti giusti al fine di RIDEFINIRLO secondo nuovi schemi comportamentali. Dovrà vivere con intenzione! Dovrà vivere con uno scopo.

Dovrà concentrarsi e lavorare sui propri obiettivi. Dovrà provare la gioia di supportare positivamente ed autenticamente gli altri continuando a raccontare la propria storia, ad avvertire gli altri sull'importanza di evitare gli abusi e a proteggere e sostenere altre vittime di violenza domestica ed abusi narcisistici.

I sopravvissuti all'abuso dovranno unirsi per combattere i narcisistici e tutte le loro forme di manipolazione. Dovranno essere lì l'uno per l'altro per sostenersi ed incoraggiarsi a vicenda. Dovranno formare insieme i loro alveari ed erigere una barriera protettiva contro queste colonie infestanti che, al giorno d'oggi, in questa preoccupante deriva narcisistica saranno sempre pronte a colpire. Nuovi alveari a difesa di quelli orridi e violenti dei narcisisti. Alveari fatti di etica, morale ed indiscusso amore. Ma allo stesso tempo alveari meravigliosamente difesi da confini caratteriali e schemi comportamentali che li renderanno assolutamente inattaccabili.

La porta non dovrà più esser aperta a narcisisti e maltrattatori in genere. Dovrà esser anzi sbarrata con un divieto di ingresso di dimensioni più grandi di quelle di un pianeta.

Non nego che ci vorrà del tempo per arrivare a tutto questo, probabilmente tanto. Non starò qui adesso a rielaborare cose di cui ho già scritto in altri miei libri. In fondo, l'intento, nello scrivere questo, era quello di andare un po' più in profondità dandoti una chiave di lettura diversa e lasciandoti all'immedesimazione. Sappi che i libri, di qualsiasi tipo, e ce ne saranno sicuramente di migliori dei miei, devono avere principalmente anche uno scopo divulgativo, semmai tecnico ma MAI risolutivo. Per questo sarà necessario affidarsi nel pratico a delle figure professionali che ti aiuteranno a fare chiarezza ed a diventare una persona migliore. Quindi, amica mica, non fermarti, continua ad informarti ed affidati alle sapienti mani di qualcuno che sarà sicuramente in grado, e di questo ne sono certa per esperienza, di tornare a farti sorridere. Ora, ancora un ultimo sforzo, continua a leggere quest'ultimo capitolo, fosse per me, non smetterei mai di provare a darti una mano. Ma non voglio rischiare di apparire ripetitiva. Quindi, perdonami se alle volte posso averti dato questa idea e sappi che in un processo di recupero, la RIPETIZIONE di determinati concetti, è parte essenziale del recupero stesso.

Bene, siamo quasi alla fine e molto probabilmente ti starai chiedendo cosa ti riserverà il futuro. Cosa dirti quindi?

Nessuno ha una sfera di cristallo, ma il concetto di fondo è questo: se sei in una relazione tossica, l'unica opzione che hai è quella di uscirne e lavorare sodo per riparare il danno che ti è stato fatto. Se non agirai in questo senso, il tuo futuro continuerà ad essere come il presente attuale e ci saranno serie possibilità che manipolazione, abusi e relativi effetti possano peggiorare. È cosa ormai risaputa che, in genere, se non si agisce in un determinato modo, con il giusto supporto, la manipolazione e gli abusi psicologici non si fermeranno ed anzi continueranno ad andare avanti con effetti che si moltiplicheranno fino al punto di non ritorno.

Non c'è futuro per una relazione di questo tipo. E probabilmente non ci sarà futuro per altre relazioni se si vuole che esse siano sane. Per quanto triste sia, e per quanto tu non riesca ad accettarlo, questa è la verità.

Rompere il legame è molto difficile da fare ma è la cosa giusta

In una relazione sana, e quando scrivo di relazione sana mi riferisco a quel tipo di relazione che non è influenzata dal narcisismo e dalla manipolazione, chiudere è molto difficile. Ma lo è per ragioni che sono totalmente diverse da quelle che riguardano le relazioni tossiche dove, purtroppo, alla base c'è un meccanismo di attaccamento emotivo molto particolare. Una persona che si trova sul punto di dover chiudere un rapporto sano, generalmente può tormentarsi per mesi. Potrebbe continuamente continuare a chiedersi se sta facendo la cosa giusta oppure no. Poi, quando finalmente decide di chiudere, magari potrebbe pentirsene per un po', star male, aver voglia di risentire e rivedere l'ex, esser sul punto di volerci tornare, ecc. Questo, è del tutto normale. Ed inoltre, la chiusura avviene generalmente sempre a seguito di un confronto che nel gergo viene chiamato "saluto".

Quando, invece, si chiude una relazione narcisistica o manipolativa, la chiusura è violenta, senza confronto, generata da attriti ed ambiguità inspiegabili e le emozioni che si proveranno saranno magari le stesse ma vissute con molta più confusione, sofferenza e pathos.

Come saprai, rompere è sempre difficile, sia che a prendere questa decisione sei tu, sia che invece sei costretta a subirla.

In linea di massima, non esiste un modo semplice per chiudere un rapporto con una persona con cui si è condiviso molto. Ci saranno per diverso tempo ricordi vividi e sentimenti contrastanti che ti faranno dubitare spesso. E questo è del tutto sano. Abbandonare una relazione del genere con facilità, significherebbe esser senza cuore e privo di empatia, proprio come un narcisista od un borderline.

Per questo motivo, cerca di non cadere in errore fraintendendo il tuo dolore durante una relazione tossica. Mai come in questo caso, rompere è difficile. Ma in una situazione di questo tipo è sempre la cosa giusta da fare. Non c'è modo di poter continuare a vivacchiare in una relazione che ti causa continui turbamenti, danni psicologici ed emotivi e ti fa sempre dubitare di te stessa e della tua sanità mentale. Non è salutare né amorevole nei tuoi confronti.

Sarebbe troppo facile dire che meriti di meglio, scommetto che fanno tutti così giusto? Sicuramente, nessuno merita di essere manipolato e abusato. Farlo, è il modo più crudele che esista di trattare una persona. Uccidere emotivamente una persona per farla diventare l'ombra di sé stessa, prenderla quando è felice, vibrante e piena di vita per trasformarla in qualcuno così privo di fiducia e sicurezza di sé è una cosa aberrante. E devi capire, che colui che lo fa non è qualcuno che ti ama. È qualcuno che vuole controllarti e manipolarti per soddisfare i propri squallidi bisogni.

D'altronde, però, è anche complicato rendersi conto del fatto che qualcuno, un essere umano in particolare, può arrivare a causare così tanto dolore ad un'altra persona. E proprio questo, spesso, è uno dei motivi per cui le persone rimangono in questo tipo di relazioni. Non riescono a capire perché qualcuno a cui dimostrano continuamente affetto possa agire in modo così crudele nei loro confronti. Il punto è che la persona che pensavano di conoscere non è quella reale. E quando la maschera viene giù, spesso è ormai troppo tardi.

Un narcisista non ha gli stessi sentimenti di una persona normale. Avrai ormai capito che non ha empatia. Questo significa che non si sente in colpa e non prova rimorso quando ferisce un'altra persona. Al contrario, una persona normale si sentirebbe male se vedesse soffrire qualcuno a cui tiene. Un narcisista, questo tipo di pulsioni non le conosce proprio. O se ne ha una vaga idea non è abbastanza per impedirgli di comportarsi come fa.

Purtroppo, aiutare a sviluppare empatia in un narcisista è molto difficile. Tecnicamente, con una terapia molto intensa e lunga, il miracolo potrebbe anche avvenire. Il punto è che generalmente i narcisisti non riconoscono di avere un problema. Di conseguenza, un trattamento senza l'accettazione del problema è del tutto inutile.

Allora, quali opzioni ci sono?

Beh, potresti andare avanti nella relazione e sperare che le cose migliorino ma le possibilità che questo accada sono quasi prossime allo zero. L'altra opzione è che puoi rompere il legame e lavorare su te stessa per avere un futuro migliore. Ed io, sinceramente, per il tuo bene, spero che tu scelga questa seconda opzione.

Perché un narcisista non sarà mai felice

Un narcisista, un vero narcisista, soffre di un disturbo della personalità piuttosto serio e, a meno che non si sottoponga ad un trattamento psicoterapeutico, non sarà mai libero dai vincoli che la condizione gli impone.

Guardando il disturbo dall'esterno, senza magari conoscere nessuno in questa condizione od essere stato vittima di qualcuno che ne soffre, potrebbe essere molto facile provare pena per loro. Non hanno empatia, o nei casi meno gravi ne hanno molto poca, e di conseguenza non riescono ad amare in modo sano. Così come non riescono a connettersi con gli altri in modo funzionale.

Possiamo quindi certamente affermare che i narcisisti non saranno mai veramente felici a causa del loro disturbo. Cercheranno continuamente di controllare, saranno sempre preoccupati ed ossessionati da minacce esterne, si danneranno per dimostrare di essere i migliori tra la folla e, al di la di quello che vogliono far credere, soffriranno di scarsa autostima ma cercheranno di coprirlo con i loro comportamenti arroganti e presuntuosi. Infine, non saranno mai capaci di creare legami duraturi con le persone.

Quindi, a meno che anche tu non sia un narcisista, non potrai mai sapere come ci si sente davvero e cosa li colpisca così violentemente in profondità tanto da sviluppare poi determinati comportamenti. Però potrai presumere che questa situazione, questo particolare stato in cui vivono, non gli porterà mai la vera felicità.

Il futuro, per un narcisista sarà più o meno la stessa cosa del presente. Sarà un futuro vuoto. Ho già spiegato in un altro mio libro che un approccio terapeutico cognitivo-comportamentale che gli consenta di approfondire la propria condizione è l'unico modo per superare il narcisismo o quantomeno, nei casi più gravi, impararci a convivere ed a gestirlo. Tuttavia, questo richiede innanzitutto il riconoscimento del problema da parte del soggetto e poi la disponibilità a lavorare sodo per superarlo. Purtroppo, è poco probabile che un narcisista ammetta di avere torto. Così, non si renderà mai conto di aver bisogno di aiuto. È la sua natura. Ed i suoi tratti di personalità non gli consentono così facilmente una profonda introspezione. Tutto, per lui, rimane ad un livello emozionale molto superficiale.

Così, come detto poco sopra, la maggior parte dei narcisisti continuerà a vivere nello stesso ed identico modo infernale che tu magari avrai sperimentato sulla tua pelle.

Le loro amicizie cadranno nel dimenticatoio, le relazioni inizieranno e finiranno in un loop angoscioso e triste e le persone parleranno di loro ricordando solo le violente manipolazioni e le dolorosissime ferite.

La cosa molto triste è il fatto di pensare che l'aiuto sia la fuori a portata di mano. Ma raramente viene accettato. Quindi, amica mia, non pensare mai di salvarlo, non cercare di fargli capire qualcosa e non costringerlo ad affrontare un problema se lui per primo si rifiuta di ammettere che è proprio lì davanti a lui.

La verità, non dovrebbe impedirti di andartene. Purtroppo, molto spesso mi capita di sentire racconti di donne, o uomini, che cercano disperatamente di salvarli ostinandosi a rimanere con loro e continuando a soffrire per anni. Si, è triste il fatto che un narcisista non sarà mai davvero felice. Ma tu devi pensare a te stessa e concentrarti sulla tua felicità. Il tuo futuro, il tuo cambiamento non può esser affidato alle tortuose strade di un narcisista in viaggio per chissà quale infausto destino. La tua felicità è solo ed esclusivamente nelle tue mani.

Nel tempo, se vorrai il tuo futuro diventerà luminoso

Con il tempo, potresti sentirti confusa, agitata, insicura e preoccupata. Sii consapevole del fatto che queste emozioni sono del tutto giustificate per una persona che ha vissuto determinati tipi di situazioni.

Ciò a cui dovrai aggrapparti, perché fidati di me se lo vorrai sarà proprio così, è il fatto che il tuo futuro diventerà molto più luminoso nel tempo. È come se qualcuno, adesso, avesse un telecomando in mano con un'impostazione della luminosità molto bassa, quasi al punto di riuscire a non farti vedere più nulla sullo schermo. La luminosità rimarrà bassa fino a quando non verrà effettuata una pausa (il tuo distacco), e ad un certo punto, immediatamente dopo, l'intensità potrebbe diminuire ancora ulteriormente. Questo, però, solo per un secondo. Dopodiché, quel qualcuno, comincerà ad aumentare lentamente la luminosità ogni giorno fino a raggiungere un livello in cui l'intensità sarà quasi accecante.

Piano piano comincerai a sentirti meglio ma dovrai darti il tempo necessario. Non cadere nella tentazione di affrettare il processo di guarigione, permettigli di seguire il suo corso nel modo giusto. La sensazione sarà quasi come perdere qualcuno che ami; sebbene in caso di relazione narcisistica la confusione, l'ansia e lo stress siano ad una pressione notevolmente maggiore e genereranno una sofferenza molto più profonda, è un dolore che dovrai lasciar fluire via. Tutto questo richiede tempo, ma sarà tempo ben speso.

Cose da tenere bene a mente

In questo capitolo ho cercato di mostrarti quale potrebbe essere il tuo futuro se deciderai di affrontare la manipolazione a cui sei stata sottoposta per molto tempo e, allo stesso tempo, ho cercato di farti capire a cosa potresti andare incontro rimanendo nella relazione tossica.

Allontanarti da qualcuno a cui tieni può essere molto difficile ma è necessario se vuoi vivere una vita più felice.

I punti principali da tenere bene a mente di questo capitolo sono:

Per essere felice, dovrai necessariamente allontanarti in modo deciso da una relazione di abuso psicologico ed emotivo.

- Rimanendo nella relazione, la tua situazione rimarrà la stessa nella migliore delle ipotesi oppure potrebbe persino peggiorare.
- Un narcisista non sarà mai felice perché le persone lo lasceranno continuamente a causa degli abusi e delle manipolazioni a cui saranno soggetti.
- È poco probabile che i narcisisti cambino perché non ammetteranno mai di avere un problema rifiutandosi, di conseguenza, di ricevere cure.
- Se deciderai finalmente di darci un taglio, con metodo ed abnegazione, il tuo futuro sarà più luminoso. Dovrai però permettere che il processo di lutto si completi e che la guarigione abbia inizio. E questo richiede tempo.
- Meriti di più.

Ebbene cara lettrice, siamo giunti alla fine del libro. La speranza è che ti senta più positiva e motivata a fare qualcosa di serio per risolvere la situazione in cui potresti trovarti.

Voglio darti qualche ultimo spunto a conclusione della lettura, nella speranza che serva come monito al tuo percorso di recupero.

In una relazione d'amore non c'è posto per manipolazioni di alcun tipo. Troppe persone rimangono in relazioni tossiche per paura del futuro. Il futuro, però, potrebbe essere molto più luminoso del presente.

Rimanere in questo tipo di relazione ti trasformerà nel guscio della persona che eri prima di incontrare il narcisista. Liberarti, al contrario, ti permetterà di tornare ad essere quella persona ma con molti più elementi di forza e coraggio.

Ho cercato di scrivere in profondità relativamente a tutto ciò che ha a che fare con la manipolazione psicologica ed emotiva. Abbiamo assieme coperto un sacco di argomenti. Ma questo contenuto sarà sempre a tua disposizione se, in futuro, dovessi avere ancora bisogno di rivedere qualcosa, rinfrescarti la memoria e prendere ulteriore coraggio per le tue scelte.

Per un estraneo che guarda la relazione tossica dal di fuori, può sembrare facile dare consigli e risolvere la situazione. In genere, il consiglio più frequente è quello di andartene via perché non trattata correttamente. Ma per chi è al centro del legame, non è mai così facile. Le emozioni sono tante e contraddittorie! I pensieri e le percezioni sono distorti, il controllo psicologico è molto pressante e la fiducia è rotta. E tutto questo, è il prodotto subdolo e meschino di una manipolazione lenta ed infernale che mira a distruggere la persona e a succhiargli l'anima.

Ricorda che i narcisisti sono molto bravi ad identificare le persone sensibili, un po' prive di autostima e che stanno attraversando un momento particolarmente difficile. Questo tipo di individui possono essere più vulnerabili di altri anche se non è totalmente da escludere che una persona molto centrata, forte e sicura di sé non possa essere vittima di manipolazioni.

Se quindi c'è un messaggio che vorrei che tu portassi via da questo libro, è che qualsiasi tipo di manipolazione è ingiusta. Di conseguenza, anche se la manipolazione provenisse da un narcisista con uno specifico disturbo della personalità non deve essere mai giustificata.

Trattare altre persone senza rispetto, senza cura, senza pensieri od emozioni è un qualcosa che non dovrebbe mai essere tollerato e trovare la forza per andarsene via il prima possibile è la cosa migliore che tu possa fare.

In conclusione, ti lascio con un grosso in bocca al lupo, certa che sarai in grado di cominciare ad intraprendere il tuo percorso di recupero e sicura che quel sorriso meraviglioso che è dentro di te, un bel giorno, riapparirà in tutto il suo meraviglioso splendore.

Ciao amica mia, ti abbraccio forte, buona fortuna...

Grazie per aver acquistato **Narcisismo e Gaslighting.**

So che avresti potuto scegliere tra un numero molto ampio di libri da leggere ma hai scelto il mio e di questo te ne sono estremamente grata.

Se, quindi, ti è piaciuto e ti ha lasciato qualcosa, mi piacerebbe avere una tua opinione. Spero, pertanto, che tu possa dedicare un po' del tuo preziosissimo tempo a scrivere e pubblicare una recensione su Amazon.

Voglio che tu sappia che la tua recensione, per me, è molto importante.

Ti auguro tutto il meglio!